ye

24198

RÊVERIES

D'UN

VOYAGEUR

IMPRIMERIE DE B. FOURNIER ET Ce
RUE SAINT-BENOÎT, 7

RÊVERIES

D'UN

VOYAGEUR

POÉSIES

PAR

Mme ADÈLE HOMMAIRE DE HELL

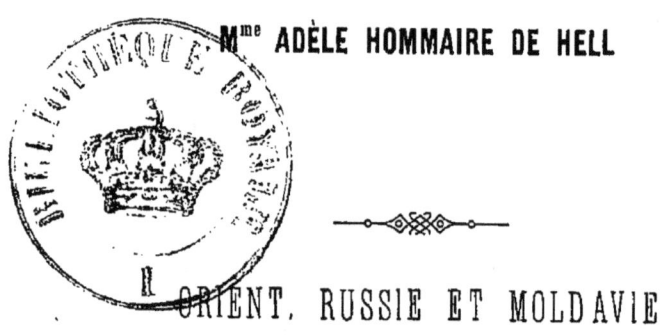

ORIENT, RUSSIE ET MOLDAVIE

PARIS

AMYOT, LIBRAIRE
RUE DE LA PAIX, 6

DENTU, LIBRAIRE
PALAIS-ROYAL, GALERIE D'ORLÉANS

1846

1845

Il y a environ douze ans, une joyeuse société dont je faisais partie était installée, dès le lever du soleil, au pont du Gard, pour y passer la journée tout entière. Après avoir salué avec des cris d'admiration ce magnifique souvenir de la grandeur romaine, et visité en courant les sites sauvages qui l'avoisinent, nous nous réunîmes bientôt autour des provisions qu'on avait étalées sur l'herbe, dans toute la simplicité champêtre ; puis chacun se mit en devoir d'apaiser un appétit vivement aiguillonné par l'exercice et l'air frais du matin. L'endroit que nous avions choisi pour le théâtre de nos exploits gastronomiques se trouvait en face des grottes qui s'étendent sous la montagne même où le pont est adossé. Ces grottes, très-vastes, et remplies intérieurement de stalactites, avaient alors une renommée sinistre dans le pays. Les mendiants, les vagabonds, les malfaiteurs mêmes, y trouvaient un refuge qu'on ne songeait guère à leur disputer.

L'apparition d'une vieille bohémienne qui sortit tout à coup de l'une de ces grottes, n'eut donc pas le droit de nous étonner; mais sa vue fut accueillie par une explosion de bravos et de cris joyeux qui l'engagèrent promptement à venir près de nous.

C'était à qui l'interrogerait, lui ferait dire sa bonne aventure; et Dieu sait de quelle manière ses oracles étaient écoutés et interprétés par toutes ces folles têtes ravies d'un tel incident!

Moi seule, peu soucieuse de connaître l'avenir,

je n'avais encore adressé aucune question à la vieille, lorsque plusieurs voix s'écrièrent que je devais la consulter à mon tour.

La bohémienne, me regardant alors fixement, prit ma main, en étudia soigneusement les lignes, puis continua de me regarder sans parler. — Qu'allez-vous lui prédire? lui cria-t-on de tous côtés ; son horoscope, nous voulons son horoscope !... — Cette jeune fille, dit enfin la zingaris d'un air pensif ; cette jeune fille aura une singulière destinée ! — Laquelle? laquelle? point de mystère ! — Mais, sans se soucier de toutes ces réclamations, la vieille me montrant un oiseau qui volait rapidement au-dessus de nos têtes : Regarde cet oiseau, me dit-elle d'un ton assez bas, pour n'être entendue que de moi seule ; regarde, il vole vers le soleil : comme lui, tu traverseras les déserts et les mers, et tu chanteras pour oublier tes fatigues !

Qu'on ne s'étonne plus maintenant de voir des poésies, échappées de la plume d'une femme, porter des dates si variées.

Comme l'a prédit la bohémienne, j'ai traversé des déserts et des mers, et j'ai chanté..... pour oublier mes fatigues.

Adèle Hommaire de Hell.

Paris, 15 septembre 1845.

Avenir.

Au firmament désert nulle étoile ne brille,
L'oiseau ne chante plus à sa jeune famille
    Ses plaisirs, son amour ;
La mer n'a plus de voix, le flot plus d'harmonie ;
La fleur a refermé sa corolle endormie
    En attendant le jour !

L'ombre a tout envahi, palais et paysage ;
Les flots ne viennent plus à travers le rivage
    Se presser au détroit :

Tout est repos au ciel ; le rapide nuage
Peut glisser dans les airs sans annoncer l'orage,
      Aucun œil ne le voit.

Pourquoi veillé-je donc, quand la terre sommeille,
Quand la brise et la mer n'apportent à l'oreille
      Que d'insensibles bruits ;
Quand l'oiseau de la nuit, errant dans les ténèbres,
Vient glacer notre cœur avec ses cris funèbres,
      Par l'écho reproduits?

Pourquoi veillé-je donc?... Eh ! le sais-je moi-même !
J'obéis à l'instinct ou fatal ou suprême
      Qui me dit de chanter !
Je suis comme la harpe éveillée à la brise
Qui jette au sein des nuits sa musique indécise
      Qu'on ne peut imiter !

Quand l'ombre a répandu le sommeil sur la terre,
Je suis comme l'oiseau captif et solitaire

Qui chante en son réduit :
Comme lui, j'obéis à cette voix secrète
Qui résonne au bonheur, au calme, à la tempête,
Au silence, à la nuit.

Comme lui je voudrais exister d'harmonie,
Ne voir jamais tarir les bords pleins d'ambroisie
Que ma lèvre a touchés;
Je voudrais en mes chants faire passer mon âme,
Vivre dans l'avenir !... ou voir trancher la trame
De mes jours desséchés !

Hélas ! qui donc a mis dans ma vie ignorée
Ce rêve d'avenir dont elle est dévorée,
Cet insensé désir ?
Qui donc a fait briller ce fantôme illusoire
Que mon âme poursuit dans ses songes de gloire
Sans jamais le saisir !

Comme ces feux trompeurs qui brillent dans l'espace,

Dissimulant aux yeux l'abîme où tout s'efface,
 Il m'appelle, me suit ;
Et quand je veux poursuivre à travers le nuage
Le rayon lumineux qu'il jette à son passage,
 Aussitôt il s'enfuit.

Alors je me demande : où donc est l'espérance
Dont les rêves charmants berçaient mon existence?
 Où donc est l'avenir?
Aurai-je vainement livré ma vie entière
Au désir d'être un jour un peu plus que poussière?
 Faudra-t-il donc mourir?

Car mourir ce n'est point rendre à la terre avide
Ce qu'elle nous donna de fécond ou d'aride,
 De vie et de douleurs ;
C'est n'avoir point d'écho pour sa voix éphémère,
C'est voir son nom obscur s'effacer de la terre
 Sans vivre dans les cœurs !

C'est n'éveiller jamais dans une âme blessée
Quelque rêve secret, quelque chère pensée
  Qui puisse la guérir !
C'est n'avoir point de pleurs pour celui qui soupire,
C'est n'avoir point d'espoir pour celui qui désire,
  Oh ! c'est plus que mourir !

        Constantinople, 1856.

Nuit de Malade.

Pourquoi ma tête est-elle ardente?
Pourquoi ne puis-je reposer?
Pourquoi la fièvre dévorante
Fait-elle en ces lieux tout danser?
Mes bras s'agitent dans le vide,
Je veux de l'air, un jour serein;
Je veux mouiller ma lèvre avide
Au souffle embaumé du matin!
Comme la joyeuse hirondelle,
Au flot amer trempant mon aile,

Je veux suivre au déclin du jour
L'esquif que le pêcheur agile
Fait voler sur l'onde docile,
En chantant son refrain d'amour !

 La brise parfumée
 Effleure mes cheveux,
 Des souvenirs heureux
 M'ont soudain ranimée.
 Quel bonheur d'exister,
 Quand le corps est léger,
 Quand l'âme est sans souffrance !
 De vivre désormais
 De liberté, de paix,
 De calme et d'espérance !

Bientôt courant d'un pas joyeux
Au bord du lac, dans la prairie,
J'irai reposer sous les cieux
Ma tête encore endolorie.

La fraîche haleine de la nuit,
De l'oiseau la chanson plaintive,
Le flot courant de rive en rive
Cédant au flot qui le poursuit ;
La fleur humide de rosée
S'ouvrant au nocturne zéphir,
Rendront à mon âme épuisée
Le bonheur qui semblait la fuir !
Je reverrai le clair de lune
Argenter les flots vaguement ;
Je pourrai compter une à une
Chaque étoile du firmament ;
D'une amère et triste pensée
Mon âme trop longtemps blessée
Secoûra le poids pour toujours ;
Ma vie aura des jours de fête ;
Ma voix des accents de poëte,
Mon cœur de nouvelles amours !

Démon au regard sombre,

Va, fuis bien loin de moi ;
Toi qui venais dans l'ombre
Remplir mes sens d'effroi ;
Lorsque ton œil farouche
S'arrêtait sur ma couche
A l'heure de minuit,
Un frisson d'épouvante
Me tenait haletante
Le reste de la nuit !

Dans mon cerveau brisé je sentais la folie,
Un voile s'étendait sur ma vue affaiblie,
Vainement je luttais contre un pouvoir sans nom ;
Ton sourire infernal confondait ma raison !
Mais en ces lieux je brave ta puissance ;
Va-t-en maudit, dans l'ombre et le silence
D'une autre vie empoisonner le cours ;
Ou dans la nuit effrayante, éternelle,
Va te plonger en repliant ton aile,
Et laisse-moi retrouver mes beaux jours !

D'où me vient ce parfum, cette brise légère,
Vague comme l'espoir, comme lui passagère,
Dont le souffle embaumé soulève mes cheveux?
Que je suis bien ici, que mon cœur est joyeux!
Que l'espace est brillant; que la vie est facile!
Qu'il fait bon respirer, entendre les oiseaux!
Que j'aime voir du lac le flot pur et mobile,
Comme un rayon d'azur glisser sous les roseaux!
Je veux interroger le nuage qui passe,
Peut-être a-t-il versé son ombre à mon pays;
Ou peut-être n'est-il qu'un informe débris
Que l'orage, en fuyant, oublia dans l'espace!

   O vous! chantres errants
   De l'air et du printemps;
   Oiseaux qui sur ces plages
   Venez vous abriter;
   De vos lointains voyages
   Qu'allez-vous raconter?
   Avez-vous vu l'orage

Soulever dans sa rage
La vague qui mugit ;
Laissant partout sa trace,
Et remplissant l'espace
D'épouvante et de bruit ?
Le croiseur intrépide
Qui sillonne les mers
Était-il votre guide
Au sein des flots amers ?
Comme l'errante nue
Que chasse l'ouragan,
Sa voile suspendue
Sur le sombre Océan,
Pendant la traversée
A votre aile lassée
Offrait-elle un appui ?
Et votre voix légère
Du marin solitaire
Charmait-elle l'ennui ?
Hélas ! qui vous appelle

NUIT DE MALADE.

Sous des cieux étrangers !
Faut-il donc à votre aile
La mer et ses dangers ?
Est-ce la prévoyance,
L'instinct ou l'inconstance,
Qui vous porte à quitter,
A la saison nouvelle,
Cette rive si belle,
Pour vous faire emporter,
Gracieux et volages,
Dans le vague des airs,
Et traverser des mers
Pour d'inconnus rivages ?

Du minaret l'ombre pâlit, s'accroît ;
Voici le soir ; les fleurs sont inclinées ;
Déjà l'on voit au delà du détroit,
Les goëlands et *les âmes damnées*
S'abandonnant à la brise des nuits,
Se disperser pour rejoindre leurs nids !

NUIT DE MALADE.

Mais la lumière soudain cesse ;
Un voile épais couvre ces lieux ;
Mon cœur, naguère si joyeux,
Frémit d'une vague tristesse !
Par le vent les flots fouettés
Annoncent au loin la tempête ;
Les oiseaux fuient épouvantés,
Le vertige trouble ma tête !

Qu'est-ce donc que ce chant plaintif, funèbre et lourd
Qui vibre comme un glas dans ce triste séjour ?
Qu'est devenu le ciel, l'espérance, la vie,
Dont tout à l'heure encor je goûtais la magie ?
La tête me fait mal ; j'ai peur, je me sens froid ;
Hélas ! à chaque instant mon malaise s'accroît ;
Tout me fait frissonner ;... je crains jusqu'au silence,
Jusqu'au pâle rayon qui dans l'air se balance !
Une fatigue extrême allanguit tous mes sens ;
Je cherche à rappeler des souvenirs présents ;
Je les touche... et pourtant ma rêveuse pensée

Ne saurait les saisir... Je suis triste et glacée !
Tout tourne autour de moi !... tout me semble blafar
J'ai besoin de repos : ah ! voilà ma veilleuse
Qui s'éteint faute d'huile... est-il déjà si tard?
Et ma garde qui dort, tranquille, paresseuse...
Mais elle se réveille, et son premier regard
Se dirige sur moi... sur moi, pauvre malade
Dont le pouls agité ne bat que par saccade ;
Sur moi dont le cerveau par la fièvre affaibli,
De rêves insensés est constamment rempli !
Chaque soir le délire et ses sombres orages
Viennent troubler mes sens par d'étranges images !
Regarde mon visage et sa moite pâleur ;
N'y lis-tu pas l'effroi, l'attente, la terreur ?
Tu ne saurais comprendre, ô ma garde fidèle !
Les folles visions que la nuit me révèle ;
Tout à l'heure, à l'instant, j'ai fait un rêve affreux
Dont les êtres sans nom effraient encor mes yeux ;
Le brûlant cauchemar, enfant de la démence,
Sur ma couche dardant son œil fixe et perçant,

Semblait me fasciner par la même influence
Qu'exerce le reptile envers l'oiseau tremblant!...
Puis d'air et de printemps je me suis enivrée,
Semblable au prisonnier qui voit enfin les cieux ;
J'ai suivi du regard les nuages heureux
Qui vont de ciel en ciel, de contrée en contrée,
Répandre la fraîcheur sur la terre altérée ;
Au souffle du printemps livrant mon front rêveur,
Comme dans le passé, j'interrogeais mon cœur,
Heureuse d'oublier au sein de la folie
Le ver qui sourdement ronge et flétrit ma vie !
. . . .
. . . .

Mais je veux m'endormir ; laisse-moi reposer,
Et qu'un rêve trompeur vienne encor m'abuser !

Thérapia, 1856.

A chacun sa destinée.

Moi dans le monde aller perdre mes jours,
Livrer ma voile à son courant rapide ;
Subir ses lois, ses haines, ses amours ;
Moi le choisir pour oracle et pour guide !
Ne plus avoir ni calme, ni gaîté,
Ne plus penser sans craindre son entrave ;
Perdre pour lui ma douce liberté,
Porter son joug, devenir son esclave !

M'associer à ses tristes travers,

Sur mille objets éparpiller ma vie ;
Puisant, hélas ! dans ses plaisirs amers
Et le dégoût, et le trouble, et l'envie !
Moi pauvre oiseau qui ne rêve qu'azur,
Moi vivre là, sans déployer mon aile ;
D'une prison respirer l'air impur,
Quand la nature en souriant m'appelle !

Oh ! non jamais ! j'ai trop besoin d'amour,
De paix, de fleurs, de soleil, de rosée ;
J'ai trop besoin d'égréner jour à jour
Tout ce que Dieu mit dans mon élysée !
Chaque mortel a ses secrets instincts
Et doit poursuivre une route tracée ;
Nos goûts, nos vœux, nos désirs sont distincts,
L'âme a ses lois, où Dieu mit sa pensée !

L'un dans le monde, effeuillant tous ses jours,
Veut des succès, du bruit, de l'opulence,
De folles nuits, de faciles amours,

Tout ce qui peut user son existence ;
En un seul trait demandant à vider
La coupe où Dieu lui mesura la vie,
Son cœur s'épuise à vouloir tout sonder ;
Mais rien ne peut contenter son envie !

Un autre veut de la gloire, un grand nom,
Le monde entier pour lui servir d'arène ;
Sa vie à lui, c'est le bruit du canon
Qui retentit et fume dans la plaine.
C'est le combat, des armes, des clairons,
Un fier coursier qui dévore l'espace ;
Des étendards, de brillants escadrons,
Des ennemis dont il poursuit la trace !

A celui-ci l'humble toit du pasteur ;
Les vœux sacrés, l'amour évangélique,
L'âme pliée à la loi du Seigneur,
L'obscurité de la vie ascétique.
A lui l'espoir, la foi, la charité,

L'orgue, l'encens, la parole divine ;
Les saints autels, l'esprit de vérité ;
L'éternité que son âme devine !

Pour celui-là le souffle d'Apollon,
La royauté que donne le génie ;
Barde inspiré, le monde apprend son nom
En écoutant sa divine harmonie :
Tous les échos proclament ses beaux vers,
Son front vainqueur est ceint d'une auréole ;
Et, citoyen alors de l'univers,
Il voit son nom inscrit au Capitole !

Un autre meurt bien loin de ses foyers ;
A lui l'exil, et les fers, et l'outrage ;
La tyrannie a payé des geôliers
Pour qu'en tous lieux il trouve l'esclavage ;
Traînant ses jours sous un ciel étranger ;
Pauvre proscrit !... il meurt pour son idole ;
Léguant au ciel le soin de le venger,

A son pays sa dernière parole !

Le voyageur brave les éléments
Et les dangers pour parcourir le monde ;
Hardi pilote, il livre à tous les vents
Son frêle esquif, sa voile vagabonde !
Il va toujours... se fiant au hasard
Pour garantir sa voile des naufrages.
Il va toujours... en cherchant du regard
De nouveaux cieux et de nouveaux rivages !

Ainsi les flots de notre humanité,
Obéissant au cours qui les entraîne,
Vont tous au but par le sort arrêté,
Sans s'écarter un moment dans la plaine !
Ternes, brillants, limpides, limoneux,
Ils vont, ils vont de rivage en rivage ;
Réfléchissant parfois l'azur des cieux,
Mais plus souvent assombris par l'orage !

Aucun ne peut revenir sur ses pas
Pour caresser les rives qui l'attirent ;
Aucun ne peut s'arrêter s'il est las ;
Le sort l'emporte... et ses plaintes expirent !
Va, lui dit-il, réjouir le désert,
Verser tes eaux à la source tarie,
Ou fécondant le sillon entr'ouvert,
Rendre la vie à la plante flétrie !

Constantinople, 1857.

Passé.

D'un bonheur qui n'est plus pourquoi sonder l'abîme,
Quand ses cendres au vent s'envolent pour toujours;
Quand le temps soucieux rapidement décime
Nos rêves, nos projets, nos vœux et nos amours?

Pourquoi d'un nom chéri poursuivre la chimère,
Demander au passé de brûlants souvenirs;
Et remonter des ans le courant éphémère,
Quand la course est finie et qu'on est sans désirs?

Quand les rêves s'en vont, quand les yeux sont sans larmes
Quand les illusions s'effacent tour à tour ;
Quand le cœur fatigué ne trouve plus de charmes
A l'onde qui murmure, au printemps, à l'amour?

Quand l'avenir jadis, à nos yeux si splendide,
De ses riches trésors est vide désormais ;
Quand notre esprit, lassé d'une vie insipide,
De silence et d'oubli s'enveloppe à jamais?

Quand nos soleils d'hiver chassent à peine l'ombre
Qui, venant sur nos pas s'étendre lentement,
Nous paraît chaque jour et plus froide et plus sombre,
Et nous livre, vaincus, au découragement.

Quand brisant sans pitié nos liens de famille,
Et jetant sur nos pas son noir manteau de deuil,
La mort incessamment chasse, tue, éparpille
Tous ces objets aimés qui faisaient notre orgueil.

D'un bonheur qui n'est plus pourquoi sonder l'abîme,
Quand ses cendres au vent s'envolent pour toujours;
Quand le temps soucieux rapidement décime
Nos rêves, nos projets, nos vœux et nos amours?

Elisa Mercœur.

(CHANT DU CYGNE.)

Enfin j'ai donc atteint le terme de la vie
Qui sans cesse apparaît au fond de l'horizon ;
Ce terme redouté, mais que le cœur envie
Quand il est fatigué de sa triste prison.
Je vais aller à Dieu bien légère d'années ;
Mon front est lisse et blanc, mes cheveux longs et noirs,
Je vais offrir à Dieu mes jeunes destinées
Comme l'encens qui sort des riches encensoirs !

Rien ne me fait, hélas ! regretter l'existence ;
J'ai tant de fois lutté contre un malheureux sort,

Tant de fois j'ai rêvé d'avenir, d'espérance,
Que maintenant pour moi l'avenir... c'est la mort !
Ma force s'est lassée à suivre une chimère,
A braver du destin l'impitoyable loi,
A demander au monde un timide salaire
Pour payer les accents qui s'éveillaient en moi !

La route où j'ai passé, triste, aride et sans ombre,
N'a jamais à mes pas offert un doux abri ;
J'ai marché, j'ai pleuré... Mais le ciel était sombre,
Et tout devant mes yeux était déjà flétri !
En vain mon cœur brisé demandait à la terre,
Pour raviver ma force,... un souffle du printemps !
Hélas ! je n'ai connu, dans ma détresse amère,
Que les jours de douleurs, qui durent si longtemps !

Aucun doux souvenir ne brille en ma pensée,
Aucun rayon d'amour ne vient me ranimer ;
Et pourtant j'étais belle... et mon âme insensée
A vu souvent des traits qui surent l'alarmer ;

Mais alors je devais, pauvre et craintive fille,
Commander à ma voix, à mon cœur, à mes yeux!...
Je n'avais point de dot, point de riche famille,
Point de titres brillants, point de nobles aïeux!

Je n'avais rien, hélas! qu'une timide lyre,
Que les chants sans écho d'un cœur découragé;
Qu'un stérile besoin d'aimer et de le dire,
Qu'un seul désir à l'âme... un amour partagé!
Mais c'était trop encor... Dieu m'avait destinée
A vivre en étrangère au milieu des humains;
Pour me garder à lui chaste et prédestinée,
Une auréole au front et la lyre en mes mains.

C'est pour cela sans doute, et je le remercie,
Qu'il a borné ma vie à si peu de printemps;
Mon sein est plein encor d'amour et d'harmonie,
Ma beauté ne craint rien des outrages du temps.
Sans regret j'abandonne un séjour où l'on pleure,
Où l'on vieillit si vite, où le cœur se flétrit,

Où les plus doux plaisirs durent à peine une heure,
Où l'amour n'est qu'un mot, la gloire qu'un vain bruit !

Où l'espoir n'a jamais accompli ses promesses,
Où les illusions s'en vont rapidement ;
Où nul cœur ne comprend vos profondes tristesses,
Vos rêves, vos désirs et votre isolement ;
Où l'on rit sans pitié de la voix du poëte ;
Où les riches ont seuls le droit d'être joyeux ;
Où le pauvre en mourant n'a pour poser sa tête
Que la pierre jetée au fond du chemin creux.

Mais avant de quitter ta dépouille mortelle,
Arrête-toi, mon âme, encor quelques instants,
Aux regards du mourant, oh ! la terre est si belle !
Laisse-moi respirer le souffle du printemps !
Laisse-moi jusqu'au soir m'enivrer des caresses
De la brise courant à travers le chemin,
De la voix de bulbul qui chante ses tendresses,
Des tristes voluptés d'un jour sans lendemain.

Ce sont les seuls amours que j'ai connus sur terre,
J'aimais un beau nuage, une fleur, un oiseau;
J'aimais des bois touffus la paix et le mystère,
Et le souffle léger qui fait frissonner l'eau :
J'aimais suivre des yeux l'ombre de la vallée,
Sur le flanc du rocher traçant de noirs sillons;
J'aimais le vieux clocher de l'église isolée,
Quand il jetait au loin ses joyeux carillons.

Que de fois ma pensée a plongé dans les mondes
Qu'on voit voguer la nuit dans une mer d'azur;
Que de fois j'ai cherché dans leurs vagues profondes
Un petit point brillant... mon asile futur;
Mais l'heure sonne enfin!... Mon âme, ouvre ton aile,
Aspire le bonheur, l'amour, la liberté...
Va rejoindre ton Dieu dont la voix te rappelle;
Va, tu cours maintenant à l'immortalité !

Thérapia. 1837.

La Grecque.

Pour tes yeux de gazelle,
Pour tes longs cheveux d'or,
Pour ta noire prunelle,
Pour ton cœur, doux trésor ;
Pour ta taille qui plie,
Pour ton pied si mignon,
Je donnerais ma vie
Et mon sabre et mon nom !

Veux-tu Stamboul la belle,

Cette perle des eaux,
Dont la rade recelle
Plus de mille vaisseaux,
Veux-tu des janissaires,
Une garde d'honneur,
Des trésors, des galères?...
Je me fais empereur!...

Lorsque sur ta terrasse
Tu vas dormir le soir,
Mon sang brûle et se glace
De désir et d'espoir.
Du vent la douce haleine
Me rend triste et jaloux;
Je voudrais, ô ma reine!
Mourir à tes genoux!

Prends pitié de ma flamme,
Chrétienne au front hautain;
L'amant qui te réclame

Est peu fait au dédain.

Il jure sur sa tête,

Sur son sabre vainqueur ;

Sur la loi du Prophète,

D'avoir un jour ton cœur !

Thérapia, 1856.

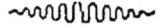

Lui.

1.

Quand le soir, tristement sur mon divan assise,
Je n'entends plus de bruit que celui de mon cœur,
Qui sous de longs sanglots et s'agite et se brise,
Et du temps qui s'enfuit accuse la lenteur :

La vie alors en moi quelques instants s'arrête,
Il se fait un repos dans mes sens fatigués,

Tel que ce long silence annonçant la tempête,
Qui pèse sur les flots et les tient subjugués !

Alors je n'ai plus rien dans ma vague pensée ;
Amour, plaintes, regrets, tout se tait un moment ;
Mon sang ne coule plus, et mon âme glacée
Dans un calme profond s'affaisse lentement.

Alors longtemps en moi l'existence sommeille ;
L'heure fuit sans laisser de trace dans mon cœur :
Nulle image pour l'œil, et nul bruit pour l'oreille,
La pensée est muette, et le temps sans couleur !

Dieu seul peut m'arracher par sa toute-puissance
A cette léthargie, image de la mort ;
Lui seul peut m'envoyer un rêve, une espérance,
Et faire dans mes sens vibrer un doux accord !

Lui seul peut réveiller en mon âme assoupie
La faculté d'aimer et de se souvenir ;

LUI.

Lui seul à mes regards peut redonner la vie ;
A mon esprit troublé, des songes d'avenir !

Et quand tout me revient, quand je sens l'existence
Reprendre son pouvoir sur mon être affligé,
Je bénis du Seigneur la divine clémence,
Car dans ma sombre nuit son regard a plongé !

Et le calme renaît ; et la douce espérance
Comme un baume enchanté se glisse dans mes sens ;
Le temps reprend son vol, mon être sa puissance,
Et l'amour vient dorer mes rêves caressants !

Et je revois celui dont la vie est ma vie,
Celui qu'à mon côté le sort voulut placer,
Pour verser sur mes jours bonheur, joie, harmonie,
Pour éclairer la voie où je dois avancer !

Depuis que le Seigneur l'a placé sur ma route,
Comme une source fraîche aux pieds du voyageur,

Comme l'étoile au ciel pour le marin qui doute,
Comme au sein du désert l'oasis enchanteur;

Je vois tout resplendir dans ma jeune existence;
La même volonté nous soutient, nous conduit;
Notre but est le même, et la même espérance
Comme un phare immortel, éclaire notre nuit!

Nous avons même vent pour enfler notre voile,
Même désir nous suit sur les flots orageux;
Dans le bleu firmament nous avons même étoile;
Nous avons même amour, même âme pour tous deux!

Et nous allons toujours, et, de nos destinées
Cachant à tous les yeux les chastes voluptés,
Nous voyons s'écouler nos jours et nos années
Sans rêver désormais d'autres félicités!

Quand le ciel nous sourit, quand la brise soupire,
Lorsque l'oiseau marin sur la vague s'endort;

Quand de l'air immobile aucun son ne transpire ;
Quand la voile au soleil sèche le long du port ;

Quand la terre et le ciel, et la mer et l'espace,
Rayonnent de splendeurs, de parfums et d'amour ;
Quand tout s'aime, s'attend, se cherche, s'entrelace,
Vague, écume, rayons, brise, accords, ombre, jour !

Dans une douce extase, oubliant toutes choses,
Vers Dieu seul nous portons nos regards et nos vœux,
Semblables au parfum qui s'exhale des roses,
Semblables à l'encens qui monte jusqu'aux cieux !

Mais si l'ombre s'étend ; mais si l'orage gronde,
Si l'horizon s'efface à nos yeux effrayés ;
Si le hardi pétrel, plongeant au sein de l'onde,
Semble braver les flots par le vent balayés ;

Si notre frêle nef, sans cesse ballottée,
Sans voile et sans agrès, perdue au sein des mers,

N'a pour guider sa course, au hasard emportée,
Que les bruits de l'abîme et le feu des éclairs !

Comme un couple d'oiseaux surpris par la tempête,
Au fond de notre esquif nous cherchons un abri,
Attendant en priant que l'orage s'arrête,
Que l'ouragan lassé jette son dernier cri !

II.

Quand le soir tristement, sur mon divan assise,
Je n'entends plus de bruit que celui de mon cœur,
Qui sous de longs regrets et s'agite et se brise,
Et du temps qui s'enfuit accuse la lenteur !

Rien ne peut m'arracher à ma morne apathie,
Rien... si ce n'est un mot dont le fatal pouvoir
Irrite de nouveau ma douleur amortie,

Et semble m'interdire, hélas ! jusqu'à l'espoir !

Ce mot dont l'amertume et la triste influence
Comme une ombre d'hiver enveloppent mes jours,
Qui ne le connaît pas !... Ah ! ce mot, c'est l'absence !
Mot qui devrait du cœur s'effacer pour toujours !

Sur les bords du Dnieper, 1838.

Guérison.

L'amour t'a choisie,
Belle à l'œil vainqueur,
Pour rendre à ma vie
Une douce erreur.
Ta charmante image
Dissipe l'orage
Qui gronde en mon cœur;
Quand ta voix résonne,

GUÉRISON.

Mon âme frissonne,
Mais c'est de bonheur !

D'une peine amère,
Surpris et blessé,
Je n'étais naguère
Qu'un pauvre insensé.
De la jalousie
Qui brûlait ma vie,
J'espérais mourir ;
Mais ton doux sourire
Calma mon délire
Et sut me guérir !

La mélancolie,
Tourment de mes jours,
S'efface et s'oublie
Pour d'autres amours !
Je t'offre ma vie,
O ma douce amie,

Sois mon seul trésor !
Pour que sur la terre
Mon cœur solitaire
Puisse aimer encor !

La jeune Fille et le Mancenillier

ÉLÉGIE.

I.

L'arbre magique est là... mais je tremble et j'hésite ;
Je me sens attirée... et mon regard l'évite ;
Un rapide frisson glace soudain mon sang,
Mes yeux n'ont plus de pleurs... ma voix n'a plus d'accent ;
L'attente, le désir, la terreur me domine ;
Je suis comme l'oiseau que le serpent fascine,
Et pourtant j'ai marché deux grands jours au soleil

Pour venir près de lui chercher un long sommeil !
On m'a dit que la mort était sous son ombrage,
Que le mauvais esprit dormait en son feuillage ;
Que Dieu l'avait maudit !... que tout être vivant
Était frappé d'effroi rien qu'en l'apercevant ;
Que l'oiseau le craignait bien plus que la tempête ;
Que le vent évitait de passer sur sa tête ;
Que le sol frémissait sous son énorme tronc ;
Que la foudre souvent éclatait à son front ;
Que tout était flétri sous son ombre infernale ;
Que l'air tout à l'entour se changeait en rafale ;
Que jamais le ciel bleu n'avait brillé sur lui ;
Que jamais sur sa cime un astre n'avait lui !

Mais l'on m'a dit aussi qu'une profonde ivresse
Attend l'infortuné qui vient, dans sa détresse,
Du fardeau de la vie encore tout meurtri,
Chercher près de cet arbre un redoutable abri !
A peine a-t-il franchi sa ténébreuse enceinte,
Qu'aussitôt la douleur en son âme est éteinte ;

Une ineffable paix, des songes radieux
A son esprit troublé semblent ouvrir les cieux ;
Alors s'offrent à lui, de roses couronnées,
Les fraîches visions de ses jeunes années,
Rappelant tour à tour à ses sens éperdus
Mille doux souvenirs depuis longtemps perdus ;
Comme on voit d'un tableau la couleur affaiblie,
Sous un nouveau vernis reprendre sa magie !

Hélas! pour ressaisir quelques heureux instants
De ces jours fugitifs qu'a dévorés le temps ;
Pour sentir palpiter d'amour et de jeunesse
Ce cœur muet et las, tout rempli de tristesse ;
Pour revoir, pour aimer ceux que l'on a perdus,
Pour oublier enfin que le cœur n'aime plus,
Est-ce trop de franchir la limite fatale,
Où la vie et la mort n'ont qu'un pas d'intervalle ;
Où l'esprit du Seigneur n'a jamais pénétré ;
Où le corps avec l'âme à l'enfer est livré !...
  Du malheur constamment suivie,

Mancenillier, je viens à toi ;
Sous ton ombrage reçois-moi,
   Prends aujourd'hui ma vie !
Évoque ici tous tes démons ;
Entoure-moi de tes poisons,
De bruit, d'éclairs et de tonnerre ;
Fais sous mes pieds mugir la terre ;
Je ne sens plus aucun effroi ;
Et me voici dans ton enceinte
Sans que mon cœur batte de crainte,
Sans que je crie : Épargne-moi !
   Ombre mystérieuse
   Qui fais naître l'horreur,
   A mon âme fiévreuse
   Rends un moment d'erreur !
   Du monde méconnue,
   Vers toi je suis venue
   Le cœur brûlant d'espoir !
   Car sous ce noir feuillage
   Qui recèle l'orage

Je pourrai le revoir !

Le frisson de l'attente

D'une moite sueur

Couvre ma joue ardente,

Mouille mon front rêveur !

Est-il bien vrai que tout à l'heure

Je verrai ses yeux caressants,

Que ce vent glacé qui m'effleure

M'apportera ses doux accents ?

Est-il bien vrai que son image,

Qui jadis remplissait mes jours,

Va surgir de ce triste ombrage,

Telle qu'au temps de nos amours ?

Hélas ! depuis bien des années

Je n'ai plus un jour de bonheur !

Je vois mes sombres destinées

Se flétrir sous un ver rongeur !

Chaque feuille de la guirlande

Tombant de mon front affaissé,

Est un souvenir, une offrande

Donnée aux mânes du passé !
Passé !... ce mot contient ma vie !
Là, tout se trouve !... espoir, bonheur,
Amour, délire, jalousie,
Soucis cruels, fêtes du cœur !
Rêves dorés de jeune fille,
Liens sacrés de la famille ;
Beauté, jeunesse, volupté ;
Large horizon, félicité.
Là se retrouve ma patrie
Que j'ai désertée à jamais ;
Là, ma première rêverie
Vint m'apprendre un jour que j'aimais,
Et que de lui j'étais chérie !
Maintenant qu'ai-je à regretter ?
Une fade et triste existence ;
Des jours marqués par la souffrance,
Le temps qui semble s'arrêter ?
Pourquoi me survivre à moi-même,
Quand j'ai perdu tout ce que j'aime,

Quand mon cœur est vide d'espoir ;
Pourquoi traîner sur cette terre
Et mes regrets et ma misère
Lorsque là-haut, je puis le voir ?

II.

Qui parle de passé, de regrets, de souffrance,
Lorsqu'à pleins flots ici déborde l'existence,
    Point de regret pour le passé,
    Ce songe à jamais effacé
    Que vainement l'âme rappelle ;
Sans lui donner un seul soupir
Laissons-le pour toujours dormir
Au sein de sa nuit éternelle !
    Ici l'on sent finir

Sa joie ou sa souffrance ;
Ici de l'existence
On perd le souvenir !
Tout être solitaire
Qui veut quitter la terre
Sans voir de lendemain,
Trouve sous ce feuillage
La paix après l'orage
Qu'il demandait en vain !
De ton ombre fatale,
Puissant mancenillier,
Incessamment s'exhale
Un souffle meurtrier !
Mais pour l'âme flétrie
Que fatigue la vie,
Ce souffle destructeur
Est aussi salutaire
Que la brise légère
Qu'attend le voyageur !

Déjà sur ma paupière
Le vent de la mort a passé ;
Déjà de la lumière
Le dernier jet s'est éclipsé ;
Mais, malgré la terreur subite
Qui dans ce lieu fatal m'agite,
Oui j'attendrai, pour la bénir,
L'heure sublime, solennelle,
Où, brisant sa chaîne mortelle,
A lui mon âme ira s'unir !

De la mer orageuse
Mon aile voyageuse
Rasant les flots mouvants,
Comme eux bondit, s'élève,
Et plonge et se relève
Au caprice des vents !

Pêcheur, ferme tes voiles,
Car déjà les étoiles

S'endorment sur les flots ;
Le vent tombe, et la vague
De son bruit doux et vague
Caresse les roseaux !

Voici l'heure, ô poëte,
Où, reposant ta tête
Sur un sein adoré,
Chaque soir sur ta lyre
Tu traduis le délire
De ton cœur enivré !

Éveille-toi, pirate,
Car je vois la frégate,
Déployant ses signaux,
De sa proue élancée
Fendre l'onde affaissée
Pour chasser dans tes eaux !

Pauvre âme solitaire

Qui passes sur la terre
Sans goûter le bonheur,
A ce monde frivole
Qui jamais ne console,
Ferme toujours ton cœur!

J'entends, j'entends dans les airs qui frissonnent
D'étranges voix, de bizarres accents;
Des cris plaintifs, des sanglots qui bourdonnent,
Des chants d'église et des rires perçants!

Mon esprit s'affaiblit, mes forces m'abandonnent;
Mais quelles visions tout à coup m'environnent?
Quel affreux cauchemar fait refluer au cœur
Mon sang que brûle et glace un poison destructeur?
O démon de la nuit! sombre et puissant vertige
Qui sèmes dans ces lieux prodige sur prodige,
A mes sens éperdus, au moins rends une fois
De celui que j'appelle et les traits et la voix!

. . . .

Au fond de ces sombres charmilles,
Voyez ce chœur de jeunes filles
Couvertes de vêtements blancs !
Sont-elles de légers fantômes
Qui quittent les sombres royaumes
Pour revoir encor les vivants ?

En ronde folâtre, légère,
Elles glissent sur la bruyère,
Les bras aux bras entrelacés !
Comme avec grâce elles tournoient ;
Comme leurs voiles se déploient
Sur leurs fronts doucement baissés !

Avant que leur danse s'achève,
Elles s'effacent comme un rêve...
Anges des nuits, restez encor ;
Dansez, dansez dans la prairie,
La fleur n'est pas encor flétrie,
Pourquoi reprendre votre essor ?

Où vont ces folles créatures,
Ces pâles et frêles figures
Qui s'agitent autour de moi?
Comme un bourdonnement d'abeille
Leurs voix grondant à mon oreille
M'inspirent un secret effroi!

Non loin d'une comédienne,
Se croyant encor sur la scène,
Je vois un moine au front rêveur;
Ses yeux creusés dans leur orbite
Brillent d'une flamme subite,
Longtemps contenue en son cœur!

Voyez cette vieille sorcière
A genoux sur la froide pierre,
Tenant en main le gui sacré;
Elle formule en sons magiques
Ses prières cabalistiques
Pour que l'Esprit vienne à son gré!

Pourquoi cette tristesse amère,

Ces pleurs qui gonflent ta paupière,

Jeune fille au regard rêveur?

As-tu perdu toute espérance,

As-tu maudit ton existence,

A-t-on brisé ton pauvre cœur?

Mais déjà l'ombre s'évapore,

Déjà le cimetière se dore

Des premiers rayons du matin.

Rentrez, rentrez, fils des ténèbres,

Rentrez dans vos couches funèbres;

Allez dormir jusqu'à demain.

Des feux follets rasant la terre

Du cloître sombre et solitaire

Éclairent les nombreux arceaux :

La lune pâlit dans l'espace ;

Allez reprendre votre place

Dans ce champ d'éternel repos !

Médecin, nonne, courtisanne,
Prélat, ministre, paysanne,
Prince, marquis, abbé de cour,
Chassés par un souffle d'orage,
Pêle-mêle dans leur passage
Viennent là tomber tour à tour !

N'est-ce pas le port salutaire
Où des fatigues de la terre
Bravant enfin le dur fardeau,
L'homme, brisé par la tempête,
Trouve un refuge pour sa tête
Quand son esquif sombre sous l'eau ?

Allez donc, ô spectres livides,
Au fond de vos tombes humides
Étendez vos membres glacés,
Tandis que dans le cimetière
J'irai prier sur chaque pierre
Pour les âmes des trépassés !

J'entends, j'entends dans les airs qui frissonnent
D'étranges voix, de bizarres accents ;
Des cris plaintifs, des sanglots qui bourdonnent,
Des chants d'église et des rires perçants !
   O mon Dieu ! quelle soif ardente
   Dessèche ma lèvre brûlante,
   Et sur ma paupière mourante
   Fait passer un voile sanglant?
   Pour fuir le mal qui me terrasse,
   En vain je veux changer de place,
   En vain je veux sentir l'espace ;
   Mon corps est faible et chancelant !
      Tout me fascine :
      Le sol s'incline,
      L'air s'illumine,
      Le ciel grandit.
      Au sein des flammes
      Dansent les âmes
      Des pauvres femmes
      Que Dieu maudit :

Leur nombre est semblable
A ces grains de sable
Roulés dans la mer,
Aux milliers d'atômes,
Fugitifs fantômes,
Qui flottent dans l'air !

Mais le voile qui m'environne
Devient encore plus ardent !
Hélas ! hélas ! comme il descend ;
Comme ma force m'abandonne !
Il brûle mes yeux fatigués,
Il s'insinue en ma poitrine ;
C'est un air mortel qui calcine,
Un Dieu me roulant à ses pieds !
C'est un serpent épouvantable
M'étreignant dans ses mille anneaux ;
C'est la mort au front redoutable
Qui veut me frapper de sa faux.
C'est le vertige, c'est la foudre,

C'est l'univers réduit en poudre ;
C'est l'enfer, ses démons, son roi!...
Les voilà m'entourant de flammes ;
Ils viennent conquérir mon âme !
Grâce, ô mon Dieu! protége-moi!...

La Sylphide.

Je garde dans mon cœur
Ta vision chérie
Comme un rêve enchanteur,
Comme une mélodie.
Ton brillant souvenir
Se mêle à ma pensée,
Aux rêves d'avenir
Dont mon âme est bercée.

Lorsque je t'aperçois,

LA SYLPHIDE.

Sylphide gracieuse,
Comme une ombre rêveuse
Gliser au fond des bois,
Je voudrais, ô ma reine !
Du zéphyr amoureux
Avoir la douce haleine
Pour baiser tes cheveux.

Quand au sein d'une fête
Je vois tes yeux si doux
Et ta grâce coquette
Faire mille jaloux ;
Quand je sens ton sourire
Descendre sur mon cœur,
Je crois, dans mon délire,
Être plus qu'empereur !

Dis-moi, belle étrangère,
Toi que j'aime d'amour,
Quelle est l'heureuse terre

Qui t'a donné le jour ?
As-tu dans l'Italie
Pris l'éclair de tes yeux ?
Ta joue un peu pâlie,
Tes longs et noirs cheveux ?

Sur la terre de France,
Où règne la beauté,
Pris-tu ton élégance
Et ta frivolité ?
As-tu dans l'Allemagne
Puisé ton air rêveur ;
As-tu dans la Bretagne
Pris ta douce langueur ?

Mais quelle heureuse étoile
T'amena sur ce bord ;
Quel vent poussa ta voile
Vers nos pays du nord ?
Semblable à l'hirondelle

Au vol capricieux,
Déploîras-tu ton aile
Pour fuir vers d'autres cieux ?

Toi, quitter nos rivages,
Si fiers de t'accueillir ;
Toi, braver les orages
Qui viendraient t'assaillir !
Toi, comme l'hirondelle,
Changer, changer toujours ;
Toi, si jeune et si belle,
Vivre enfin sans amours !

Laisse à l'oiseau volage,
Au nuage léger,
Au flot qui fuit la plage,
Le plaisir de changer ;
Laisse-les dans le monde
Porter sans nul souci
Leur humeur vagabonde...

Et toi demeure ici.

Mais ton aile frissonne
Sous notre ciel glacé,
Ta gaité t'abandonne,
Ton cœur est oppressé !
Il te faut l'Italie,
Son soleil radieux ;
Il te faut ta patrie
Qu'éclairent d'autres cieux.

Pour tes pieds de sylphide
Trop rude est notre sol,
D'air et d'azur avide
Déjà tu prends ton vol ;
Que t'importe la foule
Qui te suit du regard ?
Ta voile se déroule
En signe de départ.

Quelle que soit ta route,
Je veux vivre pour toi ;
Tout ce que je redoute,
C'est qu'un autre ait ta foi.
Parle, belle étrangère,
Dois-je fuir désormais
Mon pays et ma mère
Pour te suivre à jamais ?

Consolations.

(A MADAME ***.)

I.

Jamais la fleur sur sa tige brisée
    Ne saurait refleurir :
L'air, le soleil, le printemps, la rosée,
    Ne peut la reverdir !

Le fruit piqué par l'insecte éphémère
    Se flétrit lentement ;
Il tombe, il meurt... et sa triste poussière
    Est le jouet du vent !

Ainsi du mal secret qui dévore ma vie
Rien ne peut me guérir ;
Le bonheur, l'espérance, et les biens qu'on envie,
N'ont plus rien à m'offrir !

Il n'est qu'un seul désir pour mon âme navrée,
C'est la paix des tombeaux ;
La source de mes jours, si longtemps altérée,
Répand ses derniers flots !

Mais lorsqu'on a perdu tout espoir, sur la terre,
Que tout manque à la fois,
Alors vers toi, mon Dieu, s'élève la prière
Que murmurent nos voix !

C'est toi qui viens calmer par de saintes pensées
Les orages du cœur ;
Qui donnes l'avant-goût, à nos âmes blessées,
De l'éternel bonheur !

II.

Oui, la fleur se flétrit; mais sa tige charmante,
Fécondée au soleil,
Se couronne bientôt d'une fleur plus brillante,
D'un éclat plus vermeil !

Le fruit qu'un ver rongeur a privé d'existence
Est remplacé soudain
Par le tendre bourgeon que le soleil nuance
Des couleurs du matin !

Tout vit et disparaît... mais tout se renouvelle;
La vie est en tout lieu :
Dans le suc de la fleur, dans le sang qui ruisselle,
Dans le cœur plein de Dieu !

N'avons-nous pas l'amour, cette source de vie,
    Ce don consolateur
Dont le secret instinct sans cesse nous convie
    A goûter le bonheur ?

Dieu n'a point mis en nous l'éternelle souffrance,
    Puisqu'il sème à nos pieds
Des fleurs dont le parfum inonde d'espérance
    Nos sens purifiés.

Vous que le ciel orna, dans sa grâce divine,
    De ses dons précieux,
Ne fermez plus votre âme à l'amour qui domine
    Et la terre et les cieux.

Avant d'avoir vidé la coupe de la vie,
    Ah ! ne la brisez pas ;
Du bonheur, croyez-moi, la souffrance est suivie,
    Car tout change ici-bas !

Doutchino, bords du Dniéper, 1839.

Répondez-moi.

Répondez-moi, vous que j'ai tant aimée,
Est-il bien vrai qu'un autre ait vos serments;
Que votre bouche, au mensonge formée,
Ait pu tromper à la fois deux amants?
Vous, si naïve et si belle, et si tendre,
Vous me tromper! vous en qui j'avais foi!...
Mais de vous seule, hélas! je veux l'apprendre,
  Répondez-moi!

Répondez-moi; le passé qui s'envole

N'a-t-il pour vous aucun doux souvenir ;
Et votre cœur serait-il si frivole
Qu'aucun regret ne le fît tressaillir?
Rien ne peut-il dans votre âme égarée
Vous rappeler l'amour... que j'eus pour toi,
Et cette foi que vous m'aviez jurée ;
   Répondez-moi !

Répondez-moi ; dois-je de ma pensée
Vous effacer comme un songe trompeur ;
Dois-je livrer votre image éclipsée
A cet oubli que désire mon cœur?
Faut-il enfin brisant avec colère
Ces nœuds si doux qui m'attachaient à toi,
Vous dire adieu, vous que j'aimais naguère?
   Répondez-moi !

Répondez-moi ; si la pitié vous touche,
Dites l'arrêt qui doit fixer mon sort ;
Pour me guérir, il faut que votre bouche

Avec votre âme aujourd'hui soit d'accord ;
Oui, flétrissez en moi toute espérance ;
Dites ces mots qui causent mon effroi,
Vous me rendrez ma calme indifférence :
    Répondez-moi !

Répondez-moi : si vous êtes coupable,
Sous d'autres cieux j'irai vous oublier ;
Et si mon mal se trouve inguérissable,
Personne au moins ne me verra pleurer !
Seul, sans amour, sans espoir, sans patrie,
Mes souvenirs me parleront de toi...
Eux seuls viendront encor charmer ma vie ;
    Répondez-moi !

Insomnie.

A l'heure où tout repose, à l'heure où tout s'oublie,
Où les sens enchaînés vivent d'une autre vie ;
Alors que mon enfant dort d'un sommeil profond,
Que des rêves légers jettent sur son beau front
Une ride, une joie, une ombre de tristesse,
Selon l'instinct secret qui le flatte ou le blesse ;
A cette heure qu'attend tout être infortuné
Qui, dans ce triste monde à souffrir condamné,
Cherche dans le sommeil l'oubli de ses misères,
Des rêves consolants, de riantes chimères...

Moi, je ne puis dormir... Mon corps presque épuisé
S'agite vainement de plus en plus brisé !
Semblable à cet oiseau qui, captif en sa cage,
Rêve amour, liberté, ciel d'azur et feuillage ;
Moi, je rêve et j'attends !... Mais c'est un doux sommeil,
Un long souffle d'enfant, paisible et sans réveil !
Je voudrais échapper au bruit que fait chaque heure
Quand sa voix retentit dans ma triste demeure,
Quand sur l'airain sonore elle marque du temps
Un pas mystérieux dans ses sons éclatants !

. . . .

Oh ! qu'elles font souffrir, ces heures d'insomnie
Si lentes à passer, si pleines d'agonie,
Qui, sur le cœur glacé retombant lourdement,
Semblent en arrêter le dernier battement !
Oh ! qu'elles font souffrir quand au sein des ténèbres
Le cauchemar répand ses visions funèbres,
Et que notre cerveau, d'épouvante frappé,
Finit par ignorer s'il est ou non trompé !
Chaque instant qui s'écoule accroît notre détresse,

Une folle terreur sourdement nous oppresse;
Tout dans nos sens troublés devient illusions,
Craintes, vertige, effroi, hallucinations.
En vain, pour échapper à ce fatal délire
Qui nous tient haletants sous son funeste empire,
Nous fouillons du passé les plus profonds replis,
Nous remontons bien haut dans nos jours accomplis;
Sur de riants objets fixant notre mémoire
De nos plus doux plaisirs nous refaisons l'histoire,
Demandant au présent, au passé tour à tour,
Leurs plus frais souvenirs et leurs rêves d'amour !

Avez-vous vu parfois la rapide hirondelle
Lutter contre le vent qui s'engouffre en son aile,
S'élancer, revenir, raser le flot des mers,
S'abattre sur le sol, remonter dans les airs,
Faisant mille détours pour éviter l'orage,
Qu'on entend sourdement mugir dans le feuillage,
Sans trouver nulle part le gîte protecteur
Qu'elle cherche partout dans sa vive frayeur.

Ainsi de la pensée... elle court, elle vole,
Elle se fait volage, amoureuse ou frivole;
Allant, fouillant partout, dans l'espoir de trouver
Quelque chose qui puisse enfin la captiver ;
Dans son vol inquiet, semblable à l'hirondelle
Qui ne peut découvrir un abri pour son aile.

Mais ces violents efforts d'imagination,
Ce désir d'échapper à la réflexion,
Cette lutte acharnée entre les sens et l'âme,
Ce besoin du repos que notre corps réclame,
Ces mille visions d'un cerveau fatigué,
Ce voile qui s'étend sur l'esprit subjugué,
Tout verse en notre sang une fièvre insensée,
Contre laquelle en vain se débat la pensée !

Hélas ! comment chasser les fantômes affreux
Qui semblent nous narguer dans leur vol ténébreux;
Comment soustraire l'âme au feu qui la dévore
Dans cette nuit sans fin, sans repos, sans aurore?

INSOMNIE.

Le sentiment, la vie, en nous sont suspendus,
Seule la terreur parle à nos sens éperdus ;
Les mille bruits secrets qui surgissent de l'ombre,
Dont l'oreille saisit l'écho plaintif et sombre,
Font battre avec vitesse et la tempe et le cœur,
Et de l'obscurité doublent encor l'horreur.
Qui ne connaît ces nuits, ces nuits pétrifiées,
Que le temps dans son vol semble avoir oubliées ;
Ces nuits dont on ne peut garder le souvenir
Sans sentir un frisson dans les veines courir ;
Ces nuits où l'esprit doute, où la prière est vaine,
Où sur notre chevet la terreur nous enchaîne ;
Où, si Dieu ne venait bientôt nous secourir,
L'âme, l'âme elle-même enfin, voudrait mourir !

Bords du Volga, 1839.

Laurence.

1.

Amour, cruel martyre,
Source de tant de maux,
Dois-je sous ton empire
N'avoir plus de repos.
Jadis ta voix si tendre
Me promit le bonheur ;
Mais hélas ! y prétendre,
C'est poursuivre une erreur !

La fleur de ma jeunesse
S'effeuille avant le temps ;
Une morne tristesse
Remplit tous mes instants.
Quand mon âme inquiète
Rêve au bonheur d'aimer,
Une angoisse secrète
Vient bientôt l'alarmer !

De celui que j'adore
Le cœur froid et glacé,
Hélas ! ignore encore
Mon espoir insensé.
Jamais une parole,
Un regard, un souris,
Ne plaint et ne console
Mon amour incompris.

Quand il s'offre à ma vue
Des pleurs brûlent mes yeux ;

Une souffrance aiguë
Remplit mon sein fiévreux ;
Mais lui, mon bien suprême,
Toujours calme et serein,
Brise le cœur qui l'aime
Par son cruel dédain.

Pourtant je suis jolie,
On me l'a dit souvent,
Mais ce don qu'on envie
Ajoute à mon tourment.
Que faut-il pour lui plaire ?
Amour, conseille-moi !
Oh ! dis, que dois-je faire
Pour obtenir sa foi ?

Ma voix est douce et tendre,
Mon souris gracieux ;
M'admirer et m'entendre
Ferait plus d'un heureux.

Si pour d'autres moins fière
J'écoutais leurs serments...
Si je voulais leur plaire,
Oh! j'aurais mille amants.

A la coquetterie
Eh bien! livrons nos jours;
Grelots de la folie
Appelez les amours!
Couvrons-nous de dentelle,
De joyaux et de fleurs;
Puisque Dieu me fit belle,
Soumettons tous les cœurs!

Je veux être volage,
Perfide, sans candeur,
Capricieuse ou sage
Dans mes moments d'humeur.
Dédaigneuse et rebelle,
Selon mes volontés;

A l'amour infidèle,
Fidèle aux voluptés !

Mes jours brisés d'orage
Vont renaître plus doux ;
Plus de triste esclavage,
Plus de transports jaloux !
Plus d'attente insensée,
Plus d'amère douleur !
Son image effacée
Est morte dans mon cœur !

II.

Ainsi parlait Laurence,
Belle fleur du matin
Qui maudit l'existence
Dès son premier chagrin.

Un cœur plein de tendresse,
Trompé dans son amour,
En fanant sa jeunesse,
La perdit sans retour !

Pour ranimer son âme
Et ses jours languissants,
D'une nouvelle flamme
Elle occupa ses sens :
Et, se croyant guérie
En profanant l'amour,
Elle remplit sa vie
De passions d'un jour !

Cette enfant si timide,
Si belle en sa pudeur,
Bientôt folle et perfide
Abjura tout honneur ;
L'amour le plus sincère
Éteignait son ardeur ;

Il fallait pour lui plaire
N'être qu'un séducteur !

Hélas ! pauvre Laurence,
En flétrissant ton cœur,
Aurais-tu l'espérance
D'atteindre le bonheur ?
Oh ! non, car ton visage,
Autrefois si serein,
Trahit plus d'un orage
Qui grondent dans ton sein !

En vain l'or étincelle
Sur tes blancs vêtements,
Une pâleur mortelle
Couvre tes traits charmants :
Le deuil de ta pensée
Est écrit dans tes yeux,
Dans ta taille affaissée,
Dans ton air langoureux !

Au milieu d'un sourire
Ton œil roule des pleurs,
Et même en ton délire
On pressent des douleurs !
Pauvre âme abandonnée,
Sans espoir et sans foi,
Combien ta destinée
Doit inspirer d'effroi !

Hélas ! pourquoi le doute
T'empêche-t-il de fuir
Cette fatale route
Si triste à parcourir ?
Chaque heure qui s'efface
Emporte tes amours,
Et te laisse une trace
Qui durera toujours !

Ta beauté souveraine
S'enfuit rapidement :

Sur tes tresses d'ébène
On voit briller l'argent.
Sors de ta léthargie ;
Allons, réveille-toi ;
Viens épurer ta vie
Au flambeau de la foi !

III.

Hélas ! en vain son âme
Se trouble et veut prier ;
En vain la jeune femme
Cherche à tout oublier :
Le front dans la poussière
Son cœur prend son essor ;
Elle croit, elle espère ;
Mais elle pleure encor !

Sa force diminue,

Elle se sent mourir ;

Du chagrin qui la tue

Rien ne peut la guérir.

Et son âme glacée,

Qui fuit dans un soupir,

A pour seule pensée

Un ardent souvenir !

Taganrok, 1839.

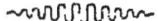

Astrakan.

Quand l'oiseau voyageur, de son aile rapide,
    Pour obéir à l'instinct qui le guide,
        Devance l'ouragan ;
        Bercé par le nuage,
        Emporté par l'orage,
        Pour atteindre au rivage,
        Perdu sur l'Océan,
S'il voit bien loin, bien loin sur la branche qui plie ;

Trembler au moindre vent quelques gouttes de pluie,
S'il voit la feuille morte emportée au hasard,
Tourbillonnant dans l'air, échapper au regard;
S'il voit un nid bercé par la brise embaumée,
Contenir dans son sein une famille aimée;
S'il voit sous le feuillage un solitaire abri
Que la rose parfume... il jette un léger cri,
Bat de l'aile et descend... Là, sa force épuisée
Se ranime en pompant des gouttes de rosée,
En cherchant sous la mousse un insecte, une fleur,
Un rayon de soleil, un moment de bonheur !

Ainsi que lui, sur la terre étrangère
Un vent d'exil a poussé mon esquif;
Ainsi que lui, mon aile passagère
Effleure tout dans son vol attentif;
De l'Orient j'ai salué les rives;
J'ai vu Stamboul, ses palais enchantés;
J'ai vu la Grèce aux formes fugitives,
Ses caps, ses mers, ses îles, ses cités.

ASTRAKAN.

Dans le désert j'ai suivi le mirage ;
J'ai vu le steppe et son âpre beauté ;
J'ai parcouru dans leur immensité
Ces champs glacés où le Scythe sauvage
Plantait sa tente... et criait liberté !
Ainsi, courant de rivage en rivage,
Bravant la mer, et le vent, et l'orage,
Partout ma voile a pu se déployer,
Partout mes pas trouvèrent un sentier !

Aux rives du Volga le destin m'a conduite,
J'ai vu la stanitza du Cosaque guerrier ;
Le sauvage coursier, arrêté dans sa fuite
Par le lacet vainqueur du Kalmouk qui l'irrite,
Se tordre vainement sous un frein étranger.
Dans l'horizon j'ai vu briller comme une étoile
Cet antique Astrakan, fécond en souvenirs ;
De son brillant passé j'ai soulevé le voile ;
J'ai pressenti l'Asie, objet de mes désirs !
J'ai reconnu son ciel, sa poésie,

Et son soleil, et sa douce magie;
Et son azur, et son air attiédi;
J'ai retrouvé dans ces nuits rayonnantes,
Dans ces lueurs aux teintes transparentes,
La pureté des climats du midi!

Arméniens, Persans, élégantes mosquées,
Caïques, minarets, palais, femmes voilées,
Tout rappelle à ma vue un bonheur éloigné,
Tout parle d'Orient à mon cœur résigné!
Comme l'oiseau j'ai trouvé sur ma route
De l'eau, des fleurs, un nid pour m'abriter;
Un doux accueil auquel la grâce ajoute
Tout ce qui peut longtemps vous arrêter!
J'ai retrouvé, bien loin de ma patrie,
Salon brillant, esprit et sympathie,
Doux oasis perdu dans le désert,
Golfe écarté, coin du ciel entr'ouvert;
Ombre, parfums, repos de la pensée,
Songes riants dont l'âme est caressée,

ASTRAKAN.

Tout ce que Dieu peut semer de bonheur,
Dans son exil, aux pieds du voyageur!

Astrakan, 1839.

Nature.

Et je dis à la nuit, ruisselante d'étoiles,
   Dans quel monde inconnu
Vas-tu t'ensevelir en repliant tes voiles,
   Quand le jour est venu ?

Et je dis au soleil, dont je cherche la trace :
   Est-ce ta volonté
Qui t'exile du ciel, souverain de l'espace,
   Roi de l'immensité !

Oh! réponds-moi, soleil, es-tu le Tout suprême,
  L'éternel Créateur,
Ou l'image, le souffle émané de Dieu même
  Dans un jour de splendeur?

N'es-tu qu'un pur rayon de sa gloire infinie,
  Un reflet de ses feux?
Son regard, qui partout fait éclore la vie,
  Et brille dans les cieux?

Et je dis à la mer, à l'étoile, à l'orage,
  A la fleur, à l'oiseau,
A la brise qui pleure à travers le feuillage,
  Au firmament si beau;

Qui donc vous a donné les parfums, l'harmonie,
  La splendeur, la beauté,
Le pouvoir de détruire, et la grâce infinie,
  Et l'immortalité?

Qui sut donner au vent de douces harmonies,
    Des plaintes à la mer ;
Des ailes à l'oiseau pour voir d'autres patries,
    Des sources au désert ?

Qui donc incessamment sur notre heureuse sphère
    Verse l'ombre et le jour ;
Sur nos bois et nos champs, la brise passagère,
    Et dans les cœurs l'amour ?

C'est toi, qu'aucun mortel n'a jamais pu comprendre,
    Être éternel et bon !
Toi dont la voix suprême à tous se fait entendre,
    Sans nous dire ton nom !

Steppes de la mer Caspienne, 1859.

Espérance.

Décevante espérance
Qui souris au matin,
Ta magique puissance,
Hélas ! me berce en vain !
Comme un rayon d'aurore
Dont l'éclat s'évapore
Aussitôt dans les cieux,
Tu brilles et tu passes
Sans laisser plus de traces
Que ses rapides feux !

ESPÉRANCE.

Quand ta trompeuse flamme
Luit à nos yeux ravis,
Plus de doutes dans l'âme,
Plus de pleurs ni d'ennuis;
Peut-on craindre l'orage
En voyant le nuage
Disparaître du ciel,
En voyant l'Espérance
Jeter sur l'existence
Son magique arc-en-ciel?

A la rose nouvelle
On peut te comparer;
Pourquoi n'as-tu comme elle
Qu'un éclat passager?
Pourquoi, folle Espérance,
Lorsque ta main dispense
Tant de dons séduisants,
T'envoles-tu si vite
Dès que le cœur hésite

ESPÉRANCE.

A croire à tes accents ?

Si dans l'âme abusée
Tu verses le bonheur ;
Si ta douce rosée
Est le nectar du cœur ;
Si tu dores la vie
D'éclat et de magie,
D'amour et de soleil,
Pourquoi n'es-tu qu'un songe,
Qu'un séduisant mensonge
Qu'efface le réveil ?

Pourquoi.

I.

Non je n'ai point encore accompli ma journée
Pour m'arrêter déjà sur le bord du chemin ;
N'est-il pas vrai, mon Dieu, que notre destinée
Ne saurait se borner aux heures du matin ?
Je n'ai vu jusqu'ici que celles de l'enfance,
Ces heures que jamais ne suit un souvenir ;
J'en veux d'autres encor pour que mon existence
Ait sa part de bonheur, d'amour et d'avenir !

Sans sève et sans parfums mes jours éclos dans l'ombre
N'ont jamais ressenti la chaleur du soleil;
Jamais un doux rayon, pénétrant leur ciel sombre,
Ne vint les arracher à leur pesant sommeil.
Je suis un frêle enfant essayant l'existence
Sur le sein maternel par la douleur tari :
Triste fleur avortée au sein de la souffrance,
Débile rejeton avant l'heure flétri !

O ma mère ! dis-moi, depuis que je suis née,
Pourquoi Dieu sur mes jours a-t-il de la douleur
Répandu sans pitié la coupe empoisonnée,
Tandis qu'il est si bon pour ma plus jeune sœur ?
Quel mal ai-je commis, moi, ta fille, ton ange;
Moi qui n'ose pleurer pour ne pas t'affliger ?
O ma mère ! réponds; n'est-il pas bien étrange
Que Dieu sur une enfant ait voulu se venger ?

Se venger, eh ! de quoi ?... Quel peut être mon crime?
Que faut-il donc souffrir pour l'effacer un jour ?

Avant même de naître étais-je une victime
Destinée en offrande au Dieu de tout amour?
Ai-je pris dans ton lait le mal qui me torture,
La douleur qui m'étreint sous son joug odieux,
Laissant sur tout mon corps sa triste flétrissure
Qui me ferme à jamais le monde des heureux!

Ma sœur a tant de force!... elle court, elle chante,
Le soleil a bruni ses longs cheveux de jais;
Le grand air a jeté sur sa joue éclatante
Ces brillantes couleurs que je n'aurai jamais!
Elle aime le plaisir, la danse, la parure;
Sa taille est si légère et ses yeux sont si doux!...
O ma mère! pardon, pardon, car je murmure,
Et vous ne m'aimez pas quand mon cœur est jaloux.

Et pourtant regardez comme je suis chétive,
Comme mon corps brisé s'affaisse avec langueur!
Voyez mes yeux éteints, ma pâleur maladive,
Et dites-moi comment je puis aimer ma sœur?

Non, non, elle n'a pas besoin de ma tendresse :
Le monde, le plaisir, l'amour, tout l'éblouit ;
Qu'elle garde longtemps les biens de la jeunesse,
Moi, je suis destinée à vivre dans la nuit !

Quelquefois je me dis en songeant à mes peines :
Cette fille si fraîche est-elle bien ma sœur ?
Est-ce le même sang qui coule dans nos veines ?
Est-ce le même instinct qui parle à notre cœur ?
Alors pourquoi la source où j'ai puisé la vie
Qui pour elle à grands flots ne répand que du miel,
S'est-elle sous ma lèvre hélas ! changée en lie ?....
Pour moi seule a-t-elle eu l'amertume du fiel ?

Sans accuser ici la juste Providence
Que ta bouche souvent invoque devant moi,
Je voudrais bien savoir si ma longue souffrance
Est agréable au Dieu dont tu m'apprends la loi.
Lui qui donne aux oiseaux le nid et la pâture,
La fleur à nos vallons, la laine à nos troupeaux,

Lui qui jamais n'oublie aucune créature,
Comment d'un faible enfant peut-il causer les maux ?

Pardonne-moi, ma mère, un doute qui t'offense.
Mes plaintes, je le sais, augmentent tes douleurs ;
Mais j'ai seize ans bientôt, et toute mon enfance
Se passa tristement dans l'ombre et dans les pleurs.
Serai-je donc toujours sans force et sans courage,
Inutile en ce monde et jouet du destin ;
Pauvre oiseau prisonnier qui mord en vain sa cage,
Pauvre plante fanée ! hélas ! dès son matin.

Mais pourquoi mes regards et mon âme rebelles
Sont-ils toujours fixés vers un autre horizon ;
A chaque instant pourquoi déplié-je mes ailes
Quand je ne puis sortir de ma sombre prison ?
Pourquoi pleine de trouble en poursuivant mon rêve,
Me laissé-je bercer d'un espoir enchanté ?
Pourquoi chaque matin, au soleil qui se lève,
Demandé-je en tremblant un seul jour de santé ?

II.

Et toi tu répondais, avec ta voix si douce :
O mon ange chéri, ne blasphème jamais ;
Ne dis pas que du ciel le Seigneur te repousse,
Car ta place est marquée en son sein désormais ;
Bannis bien loin de toi la noire jalousie ;
Que l'amour de ta mère allége ta douleur.
Si pour souffrir, hélas ! le destin t'a choisie,
D'un sentiment haineux défends au moins ton cœur.

Tout ce qu'il m'est donné de sentir de tristesse,
D'angoisse, de regrets, d'orageux souvenirs,
De découragement, de remords et d'ivresse,
S'efface devant toi..... tout, jusqu'à mes désirs.
Mais malgré mon amour, si ta vie est amère,
Je dois te demander pardon à deux genoux,

De te faire porter le crime de ta mère,
D'avoir de Dieu sur toi répandu le courroux.

Reprends courage, enfant; Dieu finira peut-être
Par aimer, par bénir ceux qu'il a châtiés ;
Par te donner ces biens que tu voudrais connaître,
La santé, les beaux jours si longtemps enviés.
Oui, bientôt je verrai ta tête languissante,
D'orgueil et de beauté resplendir à son tour ;
Je sentirai ton cœur, sous ma main caressante,
Battre aussi de bonheur, d'espérance et d'amour.

III.

Et comme tu l'as dit: j'ai vu de l'existence
Se ranimer pour moi le vacillant flambeau ;
J'ai vu dans mon ciel bleu l'astre de l'espérance
Se lever et briller d'un éclat tout nouveau.

La jeunesse en tressant sur mon front sa guirlande,
Maintenant me convie à ses félicités;
Je désire, j'attends, je crois et je demande,
J'exerce comme toi mes nobles facultés.

J'ai senti s'éveiller dans mon âme étonnée
Des projets d'avenir, des songes caressants;
La sève de mes jours longtemps emprisonnée,
De sa féconde ardeur a ranimé mes sens.
J'ai vu se peindre enfin dans mon intelligence,
Comme dans une glace aux limpides reflets,
Des images, des sons, la forme, l'évidence,
La vérité, l'amour, la charité, la paix.

Mon Dieu! comme la vie est une douce chose,
Pour celui qui n'est point brisé par la douleur!
Que de biens ignorés! quelle métamorphose
S'opère dans mon être, et surtout dans mon cœur!
Maintenant j'aime tout; je comprends la misère;
Les souffrances d'autrui ne glissent plus sur moi.

Mais je comprends surtout tes chagrins, ô ma mère !
Quand tu pleures tout bas, enfin, je sais pourquoi.

Ah ! combien je voudrais effacer par mes larmes
Les cruels souvenirs qui troublent ta raison,
Partager tes regrets, tes rêves, tes alarmes,
Et de mes vœux ardents hâter ta guérison.
Je veux avoir ma part dans tes douleurs secrètes ;
Songe donc qu'à ton souffle est suspendu le mien,
Que le même malheur a frappé nos deux têtes,
Et que le même amour fait notre unique bien.

Ma mère, toutes deux, aimons, prions ensemble ;
Oublions du passé le fatal souvenir ;
Que le calme ou l'orage en tout temps nous assemble,
Sans qu'on puisse en ce monde un jour nous désunir.
Si le sort à tes vœux fut sans cesse rebelle,
De sa rigueur passée, enfin il se repent ;
N'ai-je pas la santé ? dis, ne suis-je pas belle ?
N'ai-je pas tous ces biens que partout Dieu répand ?

Vois comme l'air est beau, comme le soleil brille,
Quelle trace de pourpre il laisse dans les cieux;
Sous ses rayons de feu, la terre, l'eau scintille,
La vie et le bonheur éclatent en tous lieux !
Tout est harmonieux, tout se trouve à sa place,
Le nuage dans l'air, l'abeille sur les fleurs,
L'insecte sous la mousse, et l'oiseau dans l'espace,
La brise sur la mer, et l'amour dans les cœurs.

Peut-être n'ai-je, hélas ! que peu de jours à vivre,
Comme ces frêles fleurs mourant sans lendemain ;
Peut-être dois-je voir la coupe où je m'enivre,
Se briser en éclats sous ma timide main.
Il me semble parfois que cette heureuse vie,
Où je puise à longs traits l'espoir et le bonheur,
Se tarit tout à coup sous ma lèvre assoupie,
Et que mon sang glacé se retire du cœur.

Eh bien ! si le destin doit clore mes journées
Avant que le soleil ait quitté l'horizon;

POURQUOI.

S'il faut voir se faner mes jeunes destinées,
Comme au souffle du nord se flétrit le gazon ;
S'il faut te dire adieu, ma mère bien-aimée,
M'endormir sur ton sein pour ne plus m'éveiller,
Du moins j'aurai senti, dans mon âme embaumée,
Les parfums du bonheur, si prompt à s'effeuiller.

J'aurai, pour quelques jours, mêlé ma voix joyeuse
A ces mille concerts qui montent vers les cieux ;
J'aurai livré mon front, mon cou, ma joue heureuse,
Aux caresses du vent glissant dans mes cheveux ;
Tout comme une autre, enfin, j'aurai de cette vie
Connu l'enchantement et les illusions,
Et senti resplendir en mon âme ravie,
De l'astre du poëte au moins quelques rayons.

L'heure du poëte.

De l'airain sonore
  Quand j'entends la voix;
Quand je vois éclore
  La fleur dans les bois ;
Quand le soir, assise
  Au pied du cytise,
Je sens du zéphyr,
  L'haleine amoureuse
Sur ma joue heureuse
  Doucement frémir.

Quand la voile blanche
Qui frissonne aux vents,
Coquette, se penche
Sur les flots mouvants;
Quand l'oiseau volage
Atteint par l'orage
Gaîment se blottit,
L'aile encor mouillée,
Sous l'herbe émaillée
Dont il fait son nid;

Quand l'errante nue
Glissant dans le ciel
Présente à ma vue
Un riche arc-en-ciel;
Quand la folle brise
De parfums éprise
Caresse la fleur;
Quand la blanche lune
Épand sur la dune

Son éclat rêveur ;

Quand enfin la terre,
Comme au premier jour,
Du ciel qui l'éclaire
Semble être l'amour,
Je sens en mon âme
Une vive flamme
Soudain m'agiter ;
Une voix secrète
Me dit : O poète,
Il te faut chanter !

Kislovodsk, dans le Caucase, 1839.

France.

I.

Mon espérance, hélas! est semblable au mirage
Qui déroule au désert un riant paysage,
De l'ombre, des forêts, des lacs, une cité;
Offrant au voyageur leurs trompeuses images,
Pour lui faire oublier au sein de ces parages
La fatigue et la soif dont il est tourmenté.

Il avance, il écoute, il entend mugir l'onde

Qui sort à flots pressés d'une grotte profonde ;
Son âme se dilate ; il aspire à longs traits
Les parfums, la fraîcheur si longtemps désirée...
Le désert disparaît !... et sa vue enivrée
Croit du pays natal retrouver les forêts !

Comme lui mille fois j'ai cru voir ma patrie ;
D'un mirage éclatant l'illusion chérie
La faisait resplendir au fond de mon sommeil !
Son ciel brillait sur moi... je voyais ses nuages
Répandre sur les monts et les lointaines plages,
L'azur, la pourpre et l'or qu'ils tiennent du soleil !

L'espérance à mes yeux rapprochait ses frontières :
Dans un vaste horizon je découvrais ses terres,
Ses côtes, son doux ciel, sa Provence aux fruits d'or ;
J'entendais des marins la voix retentissante,
Qui, volant sur les flots de la mer en tourmente,
Expirait par degrés en s'éloignant du port !

Comme le voyageur, trompé par le mirage,
Sans cesse je voyais passer la même image,
Et j'attendais, hélas! que le temps fît un pas;
Mais devant moi fuyaient les heures, les années
Par le courant fatal dans l'abîme entraînées;
Le temps marchait toujours, et je n'avançais pas!

II.

Comment ne pas l'aimer, cette France chérie,
Que tout despote craint, et que tout peuple envie,
Qui fraie aux nations la route des progrès?
Cette France, foyer des arts et de la gloire,
Qui remplit l'univers de sa brillante histoire,
Et de la liberté sème partout l'engrais?

Oui du nord au midi, du couchant à l'aurore,
Tout peuple qu'un désir de liberté dévore

Met, dans ce nom chéri, son plus ardent espoir ;
Ce nom, c'est son appui, son étoile polaire
Qui, dans sa sombre nuit, le soutient et l'éclaire,
Et lui marque le but qu'il n'a fait qu'entrevoir !

N'ai je pas retrouvé dans les tribus errantes
Dont on voit les troupeaux et les nombreuses tentes
Couvrir les bords du Don, du Volga, du Salghyr,
Ses chants victorieux, sa magique épopée,
Dont l'âme du Barbare, encor toute frappée,
Garde au sein du désert l'éternel souvenir ?

III.

Livrant à tous les vents et mon aile et ma vie,
Longtemps j'ai poursuivi la folle fantaisie
Partout où son caprice a voulu m'emporter !
Le Tatar, le Kalmouk, le turbulent Khirguise,

M'ont vue à leur foyer, joyeusement assise,
De leurs grossiers repas souvent me contenter.

Ils se disaient entr'eux : Accueillons l'étrangère,
Mais sans lui demander un sordide salaire,
Car elle est d'un pays que nous admirons tous.
Dressons sur son chemin nos kibitkas légères;
A ses regards offrons nos haltes passagères,
Nos fêtes, nos troupeaux et nos nombreux oulouss.

C'est ainsi qu'au milieu de ces hordes nomades,
Dont tant de voyageurs craignent les embuscades,
La France me valut un accueil fraternel.
Confiante en son nom qui protégeait ma route,
Jamais, dans ces déserts, la frayeur ni le doute
A mes impressions ne mêlèrent leur fiel.

O plaines du Volga, solitudes sauvages,
Où pour tout arbrisseau l'absinthe aux noirs feuillages
Croît près des lacs salés peuplés de pélicans !

Vos larges horizons, vos scènes pastorales,
Votre sable brûlant, vos mœurs orientales,
Ont grandi ma pensée et fasciné mes sens.

Sur ce sol dévasté dont les dunes mouvantes
Engloutissent parfois les Kalmouks et leurs tentes,
Et ressemblent aux flots par les vents tourmentés,
Mon cœur battait d'orgueil; car j'étais la première
Qui laissant sa patrie et l'Europe en arrière,
Venais de ces déserts contempler les beautés.

Oh! combien j'aimais voir de la mer Caspienne
Les bâtiments pêcheurs et la rive incertaine
Sous la brume du soir s'effacer lentement!
Combien j'aimais braver sa grève abandonnée,
Quand le flot, l'ouragan, la vague mutinée,
D'écume et de débris la couvraient follement.

Que j'aimais Astrakan, la ville orientale,
Qui le long du Volga nonchalamment s'étale,

Et porte le doux nom d'étoile du désert !
Que j'aimais ses bazars, ses coupoles dorées,
Ses canaux, ses palais, ses ruines vénérées
Et ses plaines de sable où le regard se perd !

Si jamais un rayon de pure poésie,
Comme un doux météore a brillé sur ma vie
Et dérobé mon âme à la réalité,
C'est le jour où mes pieds foulèrent cette terre
Que la nature fit stérile et solitaire,
Mais à laquelle Dieu donna l'immensité.

Le Térek, le Kouban, l'Elbrouz où l'arche sainte
Laissa sur le rocher une éternelle empreinte,
Le Kasbek de combats presque toujours témoin ;
Offrirent à leur tour à la jeune hirondelle,
De quoi longtemps fixer son caprice et son aile ;
Mais ce fut vainement.... la France était trop loin.

Odessa, 1840.

La Vénitienne.

Ma mère dit sans cesse
Que fortune est bonheur,
Et pour avoir richesse
Elle a vendu mon cœur.
Je suis la souveraine
De noble sénateur
Qui, tout heureux, m'enchaîne
A force de splendeur.

LA VÉNITIENNE.

Bijoux, satin, dentelle,
J'ai tout pour être belle;
J'ai riches cachemirs,
Perles, blondes, saphirs;
J'ai tout ce que désire
Dans ses rêves secrets,
Fillette qui soupire
Pour de riches attraits.
Je dors dans un palais
Plein de magnificence ;
J'ai de nombreux valets,
Une noble existence.

Sur mon balcon le soir
Lorsque je suis assise
Pour respirer la brise,
Chacun voudrait me voir.
Regards, douces paroles,
S'échappent des gondoles
Qui passent devant moi ;

LA VÉNITIENNE.

Comme une souveraine,
Je captive et j'enchaîne
Tous les cœurs sous ma loi.
Quand je suis dans ma loge,
Je vois souvent le doge
Suivre complaisamment
Le feu de ma prunelle,
Qui, dit-on, étincelle
Comme le diamant.
Telle qu'une madone,
On m'encense à genoux,
Et plus d'une baronne
Envîrait mes bijoux.
De ma brillante vie ;
Tout le monde est jaloux.
Mon sort est donc bien doux,
Pour que chacun l'envie :

Et pourtant chaque jour
Je maudis un amour

Qui m'ennuie et me blesse.
Que me font ces tableaux,
Ces glaces, ces flambeaux,
Cet or, cette richesse,
Ces marbres, ces velours,
Ces splendides atours
Ces riches broderies,
Et ces tapisseries ?
Oh ! malgré leur beauté,
Mon cœur est attristé;
Et cette heureuse vie
Par le luxe embellie,
Me tourmente et m'ennuie,
Dans sa triste grandeur.
Souvent, dans ma pensée,
Que l'on trouve insensée,
Je dis, l'âme glacée,
Est-ce là le bonheur?....
Alors pourquoi mon cœur
Est-il toujours si vide,

Pourquoi suis-je stupide
Près de mon sénateur?
En vain il me prodigue,
Espérant du retour,
Ses trésors, son amour.....
Tout cela me fatigue.
Quand il vient en émoi
Me parler de sa flamme,
Un invincible effroi
S'empare de mon âme,
Sans qu'il veuille le voir
Et quitter mon boudoir.
Sa main sèche et ridée,
Sa tournure guindée,
Ses cheveux presque blancs,
Sa bouche qui grimace,
Sa voix qui s'embarrasse,
Ses yeux tout larmoyants,
Sa figure anguleuse
Et sa mine frileuse,

Me rendent malheureuse,
Malgré ses compliments.
Chez moi tout est de glace ;
En vain il me menace
De me quitter un jour ;
Eh bien ! qu'il m'abandonne,
Et qu'à d'autres il donne
Son or et son amour.
Oh ! quel triste martyre,
De parler, de sourire,
Quand on ne sait que dire
A son vieil amoureux !
Comme j'aimerais mieux
Être une pauvre fille,
Gaie, alerte et gentille,
Sans soucis orgueilleux,
M'endormir sur la grève,
Sous la voûte des cieux,
Et sentir même en rêve,
Le bonheur d'être deux.

Courir, chanter sans cesse,
Et du beau gondolier
Partager la tendresse,
Mais sans m'humilier;
Laissant couler ma vie
Dans un humble séjour,
N'ayant pour tout amour
Que celui que j'envie !

Tel serait mon destin,
Si jadis, plus sensée,
Ma mère m'eut laissée
Poursuivre mon chemin.
Hélas ! dans sa tendresse,
Elle rêvait richesse,
Opulence, grandesse,
Pour orner ma beauté,
Sans croire, en sa folie,
Que ces biens qu'on envie,
Auxquels on sacrifie

Repos et liberté,
Sont de pesantes chaînes,
Et n'offrent que des peines
Des dégoûts et des haines,
Au cœur désappointé.

Crimée.

Oui, je quitte à regret ta côte festonnée,
Et tes riants aspects, et tes doux horizons;
Et tes sombres forêts dont l'ombre est inclinée
Sur les blanches villas qui couronnent tes monts;
Et ta mer aux flots bleus, à la vague assouplie,
Dont le plaintif murmure au vent aime à s'unir;
Et ton sol où jadis la Grèce et l'Italie
Laissèrent de leurs arts le royal souvenir !

Oui, je quitte à regret tes ombreuses vallées,

Tes cyprès élancés, tes rapides torrents,
Tes roches de granit par le flot harcelées,
Tes villages tatars et tes prés odorants!
Et les rudes sentiers qui ceignent tes montagnes,
Et tes golfes si chers aux hardis nautoniers,
Et ton climat si doux, et tes vertes campagnes,
Et tes vieux monuments, et tes champs d'amandiers.

Que j'aime à voir du soir les teintes incertaines,
Lorsque de la Crimée il assombrit les plaines,
Et que du noir couchant, tout prêt à s'élancer,
Il mesure le sol qu'il désire embrasser!
Que j'aime cette lutte, insensible, voilée,
Qui se livre sur mer; dans l'air, dans la vallée;
Ces gerbes de lumière et ces tons infinis,
Traçant mille dessins sur les arbres jaunis;
Balançant sur les flots leurs milliers d'étincelles,
Teignant l'azur des cieux de nuances nouvelles;
Flottant dans les forêts, sur la crête des monts;
Faisant tout resplendir de leurs derniers rayons,

L'aiguille, le clocher, le dôme, la tourelle,
Que l'aigle dans son vol effleure de son aile,
La cascade écumante et les nuages d'or,
Dont l'œil poursuit longtemps l'aventureux essor !

Que j'aime tous ces noms si grands, si poétiques,
Qui, rappelant l'Asie et les temps héroïques,
Furent de la Tauride et la gloire et l'orgueil,
Et dont le Pont-Euxin porte encore le deuil !
Ces noms victorieux que le courant des âges
Apporta jusqu'à nous à travers les orages,
Et qui surent braver, à force de grandeur,
Des siècles et du temps le torrent destructeur !

De cet antique sol aux riants paysages
Combien de nations ont foulé les rivages,
Combien ont sillonné ses mers de leurs vaisseaux,
Sans laisser d'autre trace, hélas ! que des tombeaux !
Voyez Mangoup-Kalé ! cette ville orgueilleuse
Qui, dressant vers le ciel sa tête belliqueuse,

Était, dans les gros temps, l'étoile du nocher !
Maintenant elle dort sur son lit de rocher ;
Elle dort... et les vents emportent la poussière
De tous les monuments dont elle était si fière ;
Et son sol, que jadis convoitait l'étranger,
N'a pour tout visiteur que l'aigle où le berger !
Sur son vaste plateau, couronné de ruines,
Qui domine la mer et des champs d'églantines,
On erre avec effroi devant tous les débris
Qui gisent au milieu des buissons rabougris :
Karaïtes, Khozars, Huns, Génois et Tatares,
Tous ces fiers conquérants policés ou barbares,
Qui vinrent tour à tour apporter en ces lieux
Leurs coutumes, leurs mœurs, leurs cultes et leurs dieux,
Reposent côte à côte en leurs tombeaux de pierres
Sur lesquels sont gravés d'antiques caractères !
Ces tombes, une source, un doux champ de lilas
Parfumant ce rocher qu'habite le trépas ;
Des sentiers escarpés, une église en ruine,
Quelques maigres troupeaux épars sur la colline,

Voilà tout ce qui reste au sein de ces déserts
Où se sont agités tant de peuples divers !

Et lorsqu'on redescend dans la verte vallée,
L'esprit préoccupé, l'âme triste et troublée,
Comme on aime revoir au milieu des bosquets
Surgir de Karolez[1] les légers minarets !
L'œil cherche avidement à travers le feuillage
Les kiosques, les jardins de cet heureux village ;
La fontaine mauresque où s'en vont chaque soir
Les filles du hameau nonchalamment s'asseoir ;
Les groupes variés des familles tatares
Fumant la pipe arabe au doux son des guitares,
Et surtout le palais qu'habitent trois beautés
Dignes d'être l'orgueil de ces lieux enchantés !

Vous reverrai-je un jour, ô mes blanches sultanes !

1. Karolez est une charmante habitation appartenant à la princesse tatare Adil-Bey. — On peut lire dans la relation de mon voyage à la mer Caspienne le récit de la somptueuse hospitalité avec laquelle je fus accueillie dans cette demeure.

Qui vivez à l'abri de tous regards profanes,
Sans même demander en vos rêves secrets
Quelques jours de soleil pour vos jeunes attraits.
Comme ces rares fleurs dans le désert écloses,
A l'ombre de vos murs vous vivez, ô mes roses!
N'aimant que votre mère, et vos bois et vos fleurs,
Sans savoir que l'amour a des droits sur vos cœurs!

Et toi, Bagtché-Séraï, séjour mystérieux
Qui surprends la pensée et fascines les yeux,
Qui transportes l'esprit jusqu'au fond de l'Asie,
Lui fais rêver calife, amour et poésie,
Réponds-moi : qu'as-tu fait de tes khans orgueilleux
Pour lesquels on créa tes jardins merveilleux,
Tes salons tout dorés, tes jets d'eau, tes fontaines,
Tes bosquets où rêvaient de jeunes souveraines,
Tes nattes, tes tapis, tes réduits enchantés,
Enfin ton luxe empreint de mille voluptés,
Que l'étranger surpris contemple avec ivresse,
Craignant à chaque instant que tout ne disparaisse,

Comme ces visions que le sommeil produit,
Et dont le charme aimé s'envole avec la nuit?
Où sont tes souverains et leur suite éclatante,
Leurs pages, leurs coursiers, leur garde étincelante
Qui jadis remplissaient tes cours et tes palais?
Hélas! rien n'est resté... tes échos sont muets!
L'herbe croît dans les cours!... tes longues galeries,
Où les khans promenaient leurs molles rêveries,
Ne retentissent plus du bruit des instruments,
Ni des propos joyeux des jeunes musulmans.
Seule ici la nature est encor souveraine;
En cascade, en ruisseaux, en limpide fontaine
L'eau court dans les jardins, rafraîchit les salons,
En filets de cristal glisse dans les vallons...
La rose, le genêt, l'odorant chèvre-feuille,
Qui parfume la main de celui qui le cueille,
L'églantier, le cythise aux longues grapes d'or,
L'oranger, les lilas embellissent encor
Ces lieux pleins de grandeur et de mélancolie,
Où, malgré soi, l'on songe au néant de la vie!

Que peut-on comparer à ces riches coteaux,
Parsemés de villas se mirant dans les eaux,
Tout couronnés de parcs, de rochers, de verdure,
Où l'art dans son caprice imitant la nature
Prodigue chaque jour ses secrets merveilleux
Afin de captiver la pensée et les yeux.

Lorsque le voyageur découvre à son passage
Le splendide Aloupka¹ dominant le rivage,
Comme un château de fée aux merveilleux contours,
Aux créneaux dentelés, aux fantastiques tours,
Il se croit transporté dans cette Andalousie
Que le passé dota de tant de poésie !
Chaque coup d'aviron lui fait apercevoir
Les détails somptueux de ce riche manoir ;
Il rêve l'Alhambra dans les frêles tourelles
Qu'un habile ciseau décora de dentelles;
Dans les ponts suspendus qui dominent les cours,

---

1. Le château d'Aloupka, entièrement construit en porphyre, appartient à M. le comte Woronzof.

Où son regard croit voir nains, pages, troubadours,
Dans ces encadrements aux moulures gothiques,
Dans ces riches balcons, dans ces légers portiques,
Dans ces riants jardins, dans ces hardis cyprès
Entourant le palais de leurs sombres forêts;
Dans ce magique ensemble où, plein de fantaisie,
L'artiste avec amour versa la poésie!

Mais tout le littoral aux regards enchantés
En ses divers aspects offre mille beautés.
Dans ces champs inondés d'azur et de lumière,
Où la vie est amour, solitude et prière,
Que de fois j'ai senti s'élever dans mon cœur
Presque instinctivement une hymne au Créateur!
Que de fois en foulant ces fortunés rivages
Ai-je des jours passés oublié les orages!
Les sites ravissants que présente Mysgor,
L'horizon indécis du cap Aïtodor;
Le sombre Tchatirdag qui porte une auréole
Sur son front souverain comme un brillant symbole,

Les riantes maisons de la blanche Ialta,
Les sommets élancés du sévère Aïla,
Ce beau panorama qu'un seul regard embrasse,
Réunissant partout la splendeur à la grâce ;
Les navires légers qui plongent dans les eaux
Traçant un long sillon sur les paisibles flots ;
Et surtout ce soleil, digne de l'Italie,
Qui semble pénétrer jusqu'à l'âme amollie,
Tout fait croire que Dieu prépara ce séjour
Pour quiconque veut vivre et de paix et d'amour !

Pour rester insensible à ton charme suprême,
Il faudrait que le cœur, indifférent lui-même,
N'eût jamais ressenti la douce volupté
Qu'inspire à chaque humain l'aspect de la beauté ;
Il faudrait, ô Crimée ! ignorant la puissance
De ce doux sentiment qui charme l'existence,
Ne voir dans les forêts que du bois à couper,
Dans un vaste désert que l'ennui de camper,
Dans des blocs de rochers qu'une chose stérile,

Sur la grève des mers qu'un chemin difficile ;
Il faudrait que les sens fussent toujours muets,
Pour te voir sans plaisir, te quitter sans regrets !
Que de fois ma pensée ira dans la Tauride
Chercher ces souvenirs dont mon âme est avide,
Ces mille impressions, que chaque voyageur,
Amasse avec amour dans le fond de son cœur,
Qui valent à ses yeux bien plus que la richesse,
Car ces trésors si doux charmeront sa vieillesse !
Oui tout en jouissant d'un présent enchanté,
Il songe sagement aux jours d'aridité ;
A ce triste avenir où sa tête blanchie,
Par des rêves charmants quelquefois rafraîchie,
Saura trouver encor mille secrets plaisirs
Dans un passé rempli de tant de souvenirs !

Bagtché Seraï, au palais des Khans, 29 avril 1841.

Ah! si j'étais Oiseau.

Que de fois je me dis en regardant l'espace
  Si brillant et si pur :
Pourquoi ne puis-je pas, comme l'oiseau qui passe,
  Me perdre dans l'azur?

Monter, monter bien haut; et, de chaque planète
  Dépassant l'horizon,
Devancer dans leur vol, et l'aigle et la tempête,
  Et le vent et le son!

Que ne suis-je un oiseau ! Pourquoi n'ai-je pas d'ailes
Qui m'emportent soudain
Sur les bords enchantés où vont les hirondelles
Chercher un ciel serein ?

Ah ! si j'étais oiseau, sur la vague ondulée
Je poserais mon nid ;
Et là je chanterais, joyeuse et consolée,
Et le jour et la nuit ;

Et je m'envolerais quand un souffle d'orage
Viendrait rider les eaux ;
Dans mon timide effroi, je fuirais le rivage
Envahi par les flots !

Afin de me soustraire au fort de la tempête,
A ses cris menaçants ;
J'irais jusqu'au soleil pour abriter ma tête,
Pour rassurer mes sens !

AH! SI J'ÉTAIS OISEAU.

Ah! si j'étais oiseau, sur la fleur inclinée
    Je viendrais en rêvant
Recueillir ses parfums et sa feuille fanée
    Par le souffle du vent!

Quand tomberait la nuit, j'irais sous le feuillage
    Chercher un doux abri,
Tout près du rossignol, dont le touchant ramage
    Est mon chant favori!

J'irais dans les cités raser d'un vol rapide
    Leurs dômes, leurs palais;
Mais sur la vieille tour, sur la colonne humide,
    Toujours je reviendrais!

Puis j'accompagnerais l'aigle altier dans son aire
    Placé tout près du ciel;
Et j'irais où nul pied n'a laissé de poussière...
    Au séjour éternel!

Que ce doit être beau, quand on parcourt l'espace
D'un vol audacieux !
Aux yeux épouvantés quand la terre s'efface,
Qu'on vogue dans les cieux !

Consomption.

Pourquoi ces pleurs amers qui gonflent ma poitrine,
Et ces sombres regrets en mon âme éveillés?
Ce serrement de cœur au soleil qui décline,
A ces jours qui s'en vont par l'automne effeuillés!

Pourquoi cette tristesse au fond de ma pensée,
Ce regard désolé sur l'aiguille qui fuit;
Ce voile qui s'étend sur ma vue affaissée,
Cette morne terreur qui remplit mon esprit?

Quand je marche au hasard dans la verte prairie,
Pourquoi suis-je si triste en respirant la fleur;
Pourquoi ne puis-je voir une feuille flétrie
Sans qu'un poids douloureux me pèse sur le cœur?

Pourquoi dis-je déjà : quand l'ombre atteint la terre,
Quand le cadran me marque une heure qui s'enfuit;
Quand pour voir le chemin je regarde en arrière,
Et que mon œil troublé n'aperçoit que la nuit?

Pourquoi?... c'est que ma vie est semblable à la goutte
Qui tremble sur la fleur... prête à s'en détacher
A l'haleine du vent qui la trouve en sa route,
A l'aile de l'oiseau qui pourrait la toucher!

Le jour n'éclaire plus ma chétive existence,
Il fait sombre, il fait froid dans mes sens engourdis;
Je ne vois devant moi que l'ombre qui s'avance;
Je ne puis percevoir que des sons affaiblis!

CONSOMPTION.

C'est qu'au lieu de remplir la coupe de ma vie,
Dieu n'y mit que le quart de la douce liqueur,
Et que ma lèvre avide a déjà de la lie
Goûté le fiel qui brûle et dessèche le cœur !

Déjà mon horizon est privé de lumière,
Plus de ciel étoilé, plus d'air, plus de soleil,
Plus d'espoir séduisant ni de douce chimère ;
Bientôt je dormirai d'un éternel sommeil !

L'ombre qui lentement pâlit mes destinées,
En mon âme fait naître un invincible effroi ;
Je voudrais ressaisir les rapides journées
Que le temps dans son vol emporte loin de moi.

Mais pourquoi regretter des jours sans espérance,
D'une vaine prière importuner le temps ?
Aux heureux de ce monde, ah ! laissons l'existence ;
Pour l'envier encor j'ai souffert trop longtemps !

CONSOMPTION.

Eh quoi ! faudra-t-il donc, semblable à la victime
Qui sur l'autel attend le sacrificateur,
Courber mon humble front en face de l'abîme,
Sans qu'une plainte, hélas ! s'élève de mon cœur ?

Pourtant le condamné jusqu'à l'heure suprême,
Amoureux de la vie, invoque encor le sort !
Qu'importe la douleur, la honte, l'anathème,
A celui qui se voit vis-à-vis de la mort ?

Le mal qui me consume est à son apogée ;
Il faut lever la tente, et tristement partir !
Mon Dieu ! vous qui m'avez tant de fois protégée,
Tendez-moi votre main, et je saurai mourir !

Le Bouquet Inconnu.

Si j'avais comme vous, filles de l'Orient,
Ce pouvoir que l'amour vous révèle en riant,
De lire au sein des fleurs plus d'un tendre mystère,
Plus d'un timide aveu que la bouche doit taire,
Je pourrais aujourd'hui connaître le secret
Que renferme en son sein ce messager discret :
En vain dans ses parfums, dans ses couleurs charmantes
Je cherche à combiner les syllabes savantes
Qu'offre à mes yeux ravis ce fragile alphabet;
Je ne vois autre chose, hélas ! qu'un beau bouquet.

168 LE BOUQUET INCONNU.

Que doit-il donc transmettre à mon impatience ?
Serait-ce de l'amour la timide espérance ?
Est-ce un aveu furtif, un souvenir jaloux
Qui flotte vaguement dans ses parfums si doux ?

Oh ! de votre secret, brunes filles d'Asie,
Que je voudrais comprendre un jour la poésie ;
Vous surprendre le soir dans vos kiosques charmants,
Au langage des fleurs prêtant des sentiments,
Exercer sans témoin cet art plein de mystère,
Que chacune de vous emprunta de sa mère.
Combien votre cœur bat en devinant ces fleurs,
Couvertes de baisers et peut-être de pleurs !
Dans ces instants si doux, toute votre existence
Vous apparaît rieuse et pleine d'espérance ;
La nature à vos yeux est un livre enchanté
Où vous lisez amour, jeunesse et volupté !

Ce bouquet qui me vient d'une main inconnue
Restera donc muet à mon avide vue ?

LE BOUQUET INCONNU.

J'en verrai tristement se faner chaque fleur,
Sans qu'une seule au moins veuille dire à mon cœur
Quel mystère contient sa corolle élégante
Et l'éclat velouté de sa tige odorante ;
Mon regard attristé le verra se flétrir
Sans connaître la main qui voulut me l'offrir :
Ses parfums s'en iront ; ses feuilles desséchées
Seront avant trois jours de leur tige arrachées,
Sans que je puisse enfin, le cœur gros de regret,
Dans ses débris épars deviner son secret !

Eh bien ! garde-le donc ce secret que j'envie,
Bouquet mystérieux, emblème de ma vie,
Qui recèles parmi les plus riantes fleurs
Quelques sombres soucis, reflets de mes douleurs !
La main qui t'a formé connaissait bien la femme
Et les mille replis que renferme son âme,
Pour glisser à côté des roses du plaisir
Cet emblème d'un cœur qui ne veut point guérir !
Bien souvent il ne faut qu'une fleur symbolique

Pour rendre à notre cœur son instinct sympathique ;
Pour éveiller en lui les rêves du passé,
Rendre visible un nom par le temps effacé ;
Et renouer enfin de notre destinée
Tous ces chaînons rompus dont elle est jalonnée !

Parthenith, en Crimée, 1841.

Poésie.

Quand les feuilles chassées
Par le vent qui s'enfuit
Retombent, dispersées
Au hasard, dans la nuit;
De l'humide rosée,
Chaque feuille brisée,
Recevant le trésor,
Aux rayons de l'aurore
Scintille et se colore
D'un nouveau reflet d'or.

Ainsi mon existence,
Vouée à la souffrance,
Comme la triste fleur,
Se ranime comme elle
A la seule étincelle
Que jette le bonheur!
Sa goutte de rosée
Est un doux souvenir,
Une intime pensée,
Un rêve d'avenir.
C'est l'ombre fugitive
D'un bonheur effacé,
C'est une voix plaintive
Qui parle du passé!
C'est l'oiseau qui soupire
A l'heure de minuit;
C'est le son de la lyre
Qui se perd dans la nuit;
C'est le vent, c'est la brume,
C'est l'orage et l'écume,

Les bruits de l'ouragan ;
La nacelle sur l'onde,
Le tonnerre qui gronde
Et l'éclair du volcan !

Alors mon âme émue
A ces brillants tableaux,
D'une joie inconnue
Sent déborder les flots !
Comme la chrysalide,
Qui d'une aile rapide
Sortant de sa prison,
S'élance dans l'espace
Et rase la surface
Du lac et du gazon ;
Mon âme alors secoue
Tout regret insensé,
Tout rêve qui se noue
A son triste passé ;
Un instant elle oublie

Et sa mélancolie
Et son cruel destin !
Pour déployer son aile
Au printemps qui l'appelle,
Au souffle du matin,
Elle va... devant elle,
Le vol de l'hirondelle
Lui montre le chemin.
« Hâte-toi, sœur ailée,
Car déjà la vallée
Voit fleurir le jasmin ;
Hâte-toi, car la rose
Va s'ouvrir à l'amour ;
La nuit s'unit au jour,
Et bulbul se repose ! »

A son tour l'ouragan
La poursuit et l'appelle,
Lui montrant l'Océan
Qui frémit sous son aile :

« Reste, reste avec moi,

Ma jeune fugitive,

Tu verras sur la rive

Le flot bondir d'effroi ;

Les vagues qui bouillonnent,

Les éclairs qui sillonnent

L'Océan en fureur,

Te diront ma puissance

Et mon obéissance

Aux ordres du Seigneur ! »

Ainsi sur son passage

L'hirondelle et l'orage

Arrêtent son essor ;

Mais, malgré leur prestige,

Sa course se dirige

Plus haut, plus haut encor ;

La voilà parvenue

Au-dessus de la nue,

D'un bond audacieux ;

Plus haut que les tempêtes,
Et tout près des planètes
Qui courent dans les cieux !
Viens, lui dit chaque étoile,
En soulevant son voile,
« Viens dans notre séjour,
Pauvre âme solitaire,
Si lasse de la terre,
Oublier ton amour !
Des sphères réunies
Entends les harmonies
Qui chantent dans ta voix ;
Viens rouler avec elles
Aux voûtes éternelles,
Viens connaître leurs lois. »

Mais, hélas ! ce beau rêve
Que ma pensée achève
Est trop délicieux ;
Pourquoi faut-il sur terre

Retrouver sa misère

Quand on a vu les cieux !

Oulou Ouzen, en Crimée, 1841.

Jalousie.

Où donc est ce bonheur que rêvait ma jeunesse
Lorsque je m'éveillais, plein de trouble et d'ivresse,
Aux vastes horizons, au soleil radieux,
Que le premier matin fait briller à nos yeux?
Où sont ces visions, ces songes pleins de flamme,
Ces flots de poésie où se baignait mon âme,
Ces rapides élans vers un être inconnu,
Ces orages secrets de mon cœur ingénu ;
Ces rêves, ces combats, tous ces charmants fantômes
Qui du besoin d'aimer sont les premiers symptômes ;

Ces espoirs séduisants, ces pleurs et ces soupirs
Qui trahissent des sens les orageux désirs ;
Hélas! où sont allés ces jours de rêveries
Passés dans les forêts, dans les vertes prairies,
Si pleins de volupté, si calmes et si courts,
Quand la fleur et la source étaient mes seuls amours?
Ces jours de liberté, de lumière et de joie,
Où j'avançais joyeux, dans une large voie,
N'ayant d'autre souci que de suivre des yeux
L'ombre qui s'abaissait sur les monts vaporeux,
Ou de chercher sous l'herbe une source secrète
Dont la plainte berçait mon âme de poëte !
Parfois je m'endormais à son bruit fugitif
Comme l'enfant qu'endort un chant doux et plaintif,
Et je rêvais d'amour... Mon ardente pensée
Libre de ses liens, cherchant son odyssée,
Effleurait l'univers de ses ailes de feu ;
Embrassait tous les temps, s'élançait jusqu'à Dieu ;
Et demandait partout cette part de mon âme,
Que sur notre planète on appelle une femme !

JALOUSIE.

Eh! que me reste-t-il de ces jours fortunés
Que le temps en passant a déjà moissonnés?
Rien... si ce n'est le mal, si ce n'est la souffrance,
Le dégoût, l'amertume au fond de l'existence;
Si ce n'est le mépris, le regret destructeur
Qui verse lentement son poison dans mon cœur!

O mes jours bien aimés! ô ma fraîche jeunesse!
Mes rêves de bonheur, mes élans de tendresse,
Mon soleil printanier que j'invoque aujourd'hui,
Qu'êtes-vous devenus, pourquoi m'avez-vous fui?

Hélas! ils sont allés où va la feuille morte
Qui tombe sur la terre et que le vent emporte;
Où vont ces douces fleurs qui brillent un moment,
Et qu'un ardent soleil flétrit rapidement;
Où va le filet d'eau que le sable dévore;
Où va le doux parfum qui soudain s'évapore!
Où vont tous ces rayons et de vie et d'amour
Qui montent constamment vers un autre séjour!

Ainsi ces doux instincts, ces brillantes chimères,
Ce sang impétueux qui gonflait mes artères,
Ce délire du cœur, ces folles passions,
Ces songes enchantés, pleins d'aspirations,
Qui remplissaient jadis mon ardente jeunesse,
Ont porté loin de moi leur trop rapide ivresse !

Une femme est venue, une femme aux doux yeux,
Au souris séducteur, au maintien orgueilleux,
Fière de sa beauté, fière de son empire,
Invoquer devant moi l'amour et son délire ;
Me promettre en son nom un bonheur éternel ;
Réaliser enfin ces visions du ciel
Que mes regards ravis entrevoyaient naguère,
Lorsque dans mon extase oubliant cette terre,
Je croyais voir briller au bord de l'horizon
Un être ravissant qui troublait ma raison.

Eh bien ! elle était là... la femme de mes rêves,
La femme que ma voix appelait sur les grèves,

Que mes regards cherchaient jusqu'au fond des forêts,
Dont je voyais partout et le port et les traits ;
Elle était là... les yeux tout remplis de langueur,
Plus belle que l'image empreinte dans mon cœur !
Oh ! je revois encor cette ardente prunelle,
Si prompte à captiver l'amant le plus rebelle ;
Je revois cette taille aux contours amoureux,
Dont les secrets trésors me transportaient aux cieux ;
Je revois ces cheveux, aussi noirs que l'ébène,
Ces boucles qui voilaient un front de souveraine ;
Je vois ce sein de neige et ce bras arrondi,
Cette grâce rêveuse, empruntée au midi ;
Je vois tous ces attraits qui rendent une femme
L'objet le plus divin que puisse adorer l'âme !

Avide de plaisir, séduit par sa beauté,
Croyant que le bonheur est dans la volupté,
Et retrouvant partout son image chérie,
Au premier mot d'amour, je lui donnai ma vie !
. . . .

Espoir, timide aveu, désirs, éveil des sens,
Larmes, secrets soupirs, songes éblouissants
Qui germez dans le cœur à sa première flamme,
Et qu'un souffle d'amour fait éclore dans l'âme,
N'êtes-vous que des fleurs aux parfums irritants,
Qui naissent au soleil dans un jour de printemps,
Et dont on voit au soir les feuilles dispersées
Tourbillonner dans l'air, par l'aquilon chassées?
Au vent des passions vous courbez-vous aussi
Sans pouvoir relever votre front obscurci?
N'avez-vous qu'un seul jour, qu'un moment d'existence,
Qu'un passager parfum, qu'un éclat sans puissance,
Qu'un éclair de bonheur à nous faire entrevoir,
Que des illusions mourant avant le soir?
Vous fanez-vous ainsi dès la première aurore
Sans laisser de racine au cœur qui vous implore;
Ou, comme le phénix qui meurt pour rajeunir
Aux feux d'un autre amour, vous voit-on refleurir?...

Oh! que la vie est belle à cette heure suprême

Où l'on vous dit tout bas ce mot divin : Je t'aime !
Ce mot qui seul contient tous les biens réunis,
Qui résume nos vœux, nos désirs infinis ;
Ce mot délicieux qui seul nous initie
A ce banquet magique où l'on goûte la vie !

Mais à peine avons nous d'un rapide bonheur
Senti quelques instants le charme séducteur,
Que déjà sur nos fronts qui rayonnaient de joie,
L'ennui, le sombre ennui, lentement se déploie,
Et devenant notre hôte au milieu des festins,
A son gré, désormais, maîtrise nos destins !

Le doute, le regret, le dégoût, l'impuissance,
Viennent brutalement flétrir notre existence ;
Ils mêlent leur venin à nos félicités,
Pénètrent dans nos sens avec les voluptés ;
Tarissent à jamais, dans notre âme flétrie,
La source du bonheur et l'instinct du génie !

Mon soleil monte encor à l'horizon des cieux,
L'avenir me sourit... et pourtant je suis vieux!
Mon esprit, fatigué des luttes de la vie,
A perdu sans retour sa brûlante énergie;
Les beaux-arts, les succès, les voyages lointains
Ne sauraient ranimer mes désirs incertains;
L'amour que je rêvais, la gloire et son délire,
Sur mes sens énervés n'ont plus aucun empire!
Cet ange au front si pur, au regard séducteur,
Qui me promit jadis un éternel bonheur,
Est l'instrument que Dieu choisit dans sa colère
Pour flétrir à jamais ma jeunesse éphémère!

Oh! que je plains celui qui livre imprudemment
Son cœur, sa liberté, sur la foi d'un serment;
Qui s'endort dans les bras d'une belle maîtresse
Sans songer au réveil qui suit toujours l'ivresse!
Plus le sort le combla des voluptés du ciel,
Plus le réveil est prompt et plus il est cruel.
Alors il lutte en vain contre un dur esclavage,

JALOUSIE.

Il brise en vain son aile aux barreaux de sa cage ;
Il doit toujours souffrir, toujours subir la loi
De l'être impérieux qui réclame sa foi.
Faire parler l'amour dans l'âme d'une femme ;
Traduire ses combats, sa dévorante flamme,
Ses désirs, ses regrets, ses timides transports,
Ses rêves, son espoir, et jusqu'à ses remords,
Est plus facile encor que de vouloir décrire
La folle jalousie et son brûlant délire !

Une femme qu'on aime... un ange aux yeux si doux,
Remplir son pauvre cœur de fiel et de courroux ;
S'alarmer d'un regard, d'un geste, d'un sourire ;
Martyriser l'amant qui maudit son empire ;
Jalouse du passé, jalouse du présent,
Sans pitié vous courbant sous son joug écrasant ;
Épiant en secret vos soupirs, vos pensées,
Flétrissant votre amour de craintes insensées ;
Tantôt timide esclave, implorant à genoux
Quelques mots de pardon pour ses soupçons jaloux ;

Reniant lâchement sa dignité de femme,
Pour porter dans vos sens une rapide flamme ;
Tantôt, les yeux en pleurs, le cœur gros de soupirs,
Refusant sans motif de combler vos désirs ;
Parfois se renfermant dans un morne silence,
Pour méditer peut-être une triste vengeance ;
Ou bien, folle et coquette, habile à se parer,
Mettant tout son pouvoir à vous désespérer ;
Avide de plaisirs, d'éclat et de conquêtes,
Ne parlant devant vous que de bals et de fêtes ;
Le dédain sur le front, la haine dans le cœur,
Aux regards curieux se montrant sans pudeur,
Heureuse de flétrir, de celui qu'elle offense,
Le bonheur, le repos, et jusqu'à l'espérance !

Eh bien ! voilà le mal qui, semblable au vautour,
Dévore incessamment ma vie et mon amour ;
Voilà le ver rongeur dont la mortelle atteinte
Laissera dans mon âme une éternelle empreinte !

Il est minuit.

(BALLADE.)

L'esprit du mal rôde dans les ténèbres,
J'ai cru sentir son fatal frôlement ;
N'entends-tu pas des murmures funèbres
Passer dans l'air en long gémissement ?
Ma sœur, rentrons ; vois-tu le cimetière
S'illuminer tout à coup dans la nuit ?
Laissons les morts danser sur la bruyère ;
Rentrons, ma sœur ; rentrons, il est minuit !

Oh ! j'ai bien peur ! l'air est lourd, la mer gronde,
Des bruits confus sortent de tous côtés ;
Tous les échos répètent à la ronde
D'étranges sons par les vents apportés ;
Pourquoi rester quand l'ombre est sur la terre,
Quand le hibou sort de son noir réduit ?
Laissons les morts danser sur la bruyère ;
Rentrons, ma sœur ; rentrons, il est minuit !

Mais qu'attends-tu ? Pourquoi ta main tremblante
Dédaigne-t-elle un appui protecteur ?
Pourquoi ta vue est-elle encore errante ?
Pourquoi ton front a-t-il cette pâleur ?
Oh ! parle-moi, ne te suis-je plus chère,
Dis-moi le mal qui partout te poursuit ?
Laissons les morts danser sur la bruyère ;
Rentrons, ma sœur ; rentrons, il est minuit !

Ma sœur, viens-tu ? vois ces gouttes de pluie,
Et ces éclairs déchirer tout le ciel !

Pourquoi rester quand ma voix te supplie ;
Pourquoi nourrir un chagrin éternel ?
Mais elle, hélas ! s'appuyant sur la pierre,
Sans murmurer, pour toujours s'endormit ;
Quand une voix disait avec prière :
Oh ! j'ai bien peur !... rentrons, il est minuit !

Crimée.

(PAYSAGE.)

Quand le soleil se perd au fond de la vallée,
Quand la fleur livre au soir sa douce exhalaison ;
Quand la lune apparaît sur la tour isolée
Comme un phare qui brille au loin dans l'horizon ;
Quand le chant du pêcheur vient mourir sur la grève,
Quand la voix du muezzin descend du minaret,
Quand la brume du soir se dilate et s'élève,
Et que des chants d'oiseaux sortent de la forêt ;

Quand des toits du hameau la légère fumée
Annonce les apprêts du repas du pêcheur ;
Que la verte aubépine en braise transformée
Pétille et remplit l'air d'une suave odeur ;
Que mille bruits confus circulent dans l'espace,
Voix de femmes, d'enfants, clochettes des troupeaux ;
Bourdonnement joyeux de la meute qui passe,
Craquements du navire endormi sur les flots !

Oh ! j'aime voir la mer onduleuse et voilée,
Rouler des vagues d'or dans ses profonds ravins,
Mêlant sa grande voix au bruit de la vallée,
Et bercer en grondant ses légers brigantins ;
J'aime la bonne odeur de ses plantes marines,
Qui glissent sous les flots comme de longs serpents,
Et son rocher désert, couronné de ruines,
Que décorent la vigne et les lierres rampants.

J'aime les feux épars que le pêcheur allume,
Qu'on voit errer de loin sur la mer en repos,

Les noirs fragments de roc toujours couverts d'écume,
Où viennent se poser des troupes d'albatros ;
Les caïques légers avec leurs blanches voiles,
Que le regard découvre à l'horizon brumeux ;
L'azur profond du ciel et les milliers d'étoiles
Que le vent fait glisser sur les flots écumeux !

J'aime, quand vient le soir, voir ces femmes voilées
Cheminer lentement sur le gazon muet ;
Charmantes visions, aux tailles effilées,
Houris aux cheveux noirs du ciel de Mahomet ;
J'aime les voir la nuit sur la blanche terrasse,
Fumant le narguilé tout en parlant d'amour,
Unir leurs douces voix à la brise qui passe,
Dormir avec les fleurs en attendant le jour !

Les esprits de la nuit, voltigeant autour d'elles,
Effleurent leurs cheveux, glissent sur les coussins,
Soulèvent doucement leurs voiles de dentelles,
Et courbent sur leurs fronts des touffes de jasmins.

Le flot vient lentement mourir sur le rivage,
Les fleurs emplissent l'air de parfums ravissants ;
La lune resplendit à travers le feuillage,
Et bulbul jette au loin ses nocturnes accents !

Et l'on entend dans l'air des voix mystérieuses
Célébrer la nature en mille tons divers ;
Les insectes, les flots, les brises amoureuses,
Mêlent aussi leurs voix à ces divins concerts.
La reine des marais, dans sa demeure humide,
Redit toute la nuit son hymne printanier ;
La fleur frémit au vent, et le ruisseau limpide
En murmures plaintifs roule sur le gravier !

On voit des feux follets, enfants des marécages,
Se poursuivre, s'atteindre, effleurer les coteaux,
Briller au bord du lac, glisser sous les feuillages,
Se lutiner gaîment jusqu'au milieu des flots :
On voit sur les rochers, tapissés de bruyère,
De légères péris formant des pas joyeux,

Danser, danser encor... puis s'effacer de terre
Quand l'aube au front d'argent vient éclairer les cieux.

Oh ! que ne puis-je un jour dans la verte Tauride
Me choisir à jamais un nid d'algue et de fleurs !
Raser, comme l'oiseau, de mon aile rapide,
Ses horizons, sa mer, ses sites enchanteurs !
Que ne suis-je un seul jour la volage hirondelle
Qui poursuit dans les airs le nuage argenté,
Se berce mollement sur le flot qui l'appelle,
Vit d'amour, de printemps, d'air et de liberté !

Ialta, 2 mai 1811.

Fuite du Temps.

L'horizon de ma vie, autrefois sans limite,
Décroît rapidement à mes regards troublés ;
En vain de mes beaux jours je déplore la fuite,
En vain je les invoque... ils se sont envolés !
L'éclair est moins rapide à parcourir l'espace,
Le vent à traverser les plaines de la mer ;
La fleur à se faner sous la bise qui passe
Que la fraîche jeunesse à nous abandonner !

Quoi ! déjà s'arrêter quand la route est si belle,

Quand Dieu mit sur nos pas tant de fruits et de fleurs !
Lorsque tant de soleil sur la terre ruisselle,
Lorsque tant de désirs grondent au fond des cœurs !
Lorsque tant de beautés riantes et légères
Semblent se disputer nos vœux et notre amour ;
Lorsque tant de plaisirs, tant de douces chimères
Naissent autour de nous ! Quoi !... ne vivre qu'un jour ?

Ne vivre qu'un seul jour ! et passer comme l'herbe
Qu'un souffle dévorant flétrit dès le matin ;
Mourir comme l'épi qu'on voit le soir en gerbe,
Sans avoir eu le temps de prévoir son destin !
Ne plus mêler ses chants à la folle jeunesse,
Ne plus se couronner des roses du plaisir ;
Du nectar enchanté ne plus aimer l'ivresse,
Ne plus sentir son cœur palpiter de désir !

En vain implorons-nous la séduisante image
De cet heureux passé qui s'enfuit loin de nous,
De cet Éden chéri qui fut notre partage,

FUITE DU TEMPS.

Et que nous poursuivons de nos regards jaloux !
Dans un fatal courant nous débattant sans cesse,
Chaque heure nous emporte, hélas ! bien loin du bord ;
Chaque vague en passant nous dépouille et nous blesse,
Et ne nous laisse rien pour conjurer le sort !

Que nous font ces vallons, ce soleil sans nuage,
Ces fleurs, ces horizons, ces palais enchantés ;
Ces groupes si joyeux qui chantent sur la plage,
Ce ciel resplendissant et ces jeunes beautés ?
Que nous font tous ces biens qui charment l'existence,
A nous, pauvres proscrits rejetés loin du port ;
A nous qui n'avons plus d'amour ni d'espérance,
Et que le flot rapide emporte vers la mort !

Pensées intimes.

Qui donc vient réveiller dans mon âme endormie
Ce besoin de chanter, ce souffle d'harmonie,
Ce désir de jeter à la brise qui fuit,
A l'espace, au printemps, au soleil, à la nuit,
Les inspirations que ma lyre rêveuse
Répand en doux accords, en note harmonieuse,
Quand mon cœur agité bat d'effroi, de bonheur,
De regret, d'espérance ou même de terreur !

Ce n'est point pour jouir d'une gloire éphémère

Que mes doigts font vibrer ma lyre solitaire ;
Ni pour jeter mon nom dans l'avenir lointain
Que ma lèvre parfois murmure un doux refrain !
Je sais trop que mes chants glisseront sur la terre,
Humbles, inaperçus... que jamais un écho
Ne les répétera dans sa voix passagère ;
Qu'ils mourront en naissant, comme un jeune arbrisseau
Qui languit sans soleil, sans zéphyr, sans rosée ;
Frissonnant à l'hiver, à son souffle glacé,
Et dont la triste sève, avant l'heure épuisée,
Ne fournit plus la vie à son tronc affaissé !

Mais ne peut-on traduire en rêveuse harmonie
Ce que l'âme ressent, dans ses nuits d'insomnie,
Dans ses songes d'amour, dans ses frêles bonheurs,
Dans ses moments de joie ou ses jours de douleurs;
Dans l'extase où la jette, en passant sur sa tête,
La foudre qui mugit au sein de la tempête,
Et dont la grande voix semble, en ses roulements,
Être l'immense écho de tous les éléments !

En rhythme gracieux, en note cadencée,
Ne peut-on quelquefois rendre ainsi sa pensée ;
Demander à son luth quelques brillants accords ?
Ne peut-on de son cœur modulant le délire,
Redire à haute voix tout ce qu'il nous inspire ;
Répandre dans des vers ses plus riches trésors,
Sans croire que les sons d'une timide lyre
Puissent avoir un jour un glorieux destin ;
Que ces accents, éclos dans un brûlant délire,
Puissent dans leur orgueil rêver un lendemain ?

Iassi, 1842.

La Rêveuse.

Chantez, amusez-vous, ô mes folles compagnes,
Emplissez de vos cris les échos des montagnes,
  Courez au fond des bois ;
Livrez à tous les vents vos longues chevelures,
Aux buissons épineux vos légères parures,
  A l'espace vos voix !

Amusez-vous, dansez sur la verte pelouse :
De vos jeux turbulents, loin d'en être jalouse,
  Je veux me préserver !

Comme des papillons glissez dans les prairies,

Parmi les fleurs des champs cueillez les plus fleuries,

  Et laissez-moi rêver !

Oui, je veux être seule !... Appelez-moi boudeuse,

Romanesque, sauvage, et même vaporeuse,

  Moquez-vous de mon goût ;

Pourvu que loin de moi vous portiez vos folies,

Vos courses, vos chansons, vos rondes si jolies,

  Je vous pardonne tout.

Laissez-moi de la brise écouter le murmure

Et contempler de près cette fraîche verdure

  Que vous foulez aux pieds ;

Laissez-moi dans son vol suivre la demoiselle

Dont le corps d'émeraude au soleil étincelle

  Bien plus que vos colliers !

Laissez-moi dans le ciel regarder ces nuages,

Ces oiseaux voyageurs qui, quittant nos rivages,

S'en vont ailleurs chanter ;
Leur demander pourquoi leur humeur vagabonde
Les fait incessamment errer de monde en monde
Sans jamais s'arrêter ?

Reviendrez-vous nous voir, oiseaux, légers nuages,
Qui semblez vous jouer du vent et des orages
Dans votre vol hardi ?
Ou bien, obéissant à votre humeur légère,
Irez-vous, irez-vous jusqu'à l'heureuse terre
Qu'on nomme le Midi ?

Le Midi ! mot charmant qu'invoque tout poëte,
Quand il sent comme moi bouillonner dans sa tête
Mille insensés désirs ;
Le Midi... c'est-à-dire enivrante harmonie,
Soleil, parfums, ciel bleu, existence bénie,
Source de tous plaisirs !

Chantez, amusez-vous, ô mes folles compagnes !

Emplissez de vos cris les échos des montagnes,
Courez au fond des bois ;
Livrez à tous les vents vos longues chevelures,
Aux buissons épineux vos légères parures,
A l'espace vos voix !

Moi, je veux écouter cette source secrète
Qui semble murmurer du fond de sa retraite
Des mots mystérieux ;
Qui sait si la nature, à sa voix si plaintive,
Ne donna pas un sens, que mon âme attentive
Doit trouver en cés lieux !

Si j'en crois mon instinct, onde mélancolique,
Ce n'est pas le bonheur que ta voix prophétique,
Hélas ! semble exprimer !
En te voyant couler je sens presque des craintes,
Tes flots sur le gravier font entendre des plaintes
Qui doivent m'alarmer !

LA RÊVEUSE.

Dis, faut-il accepter ton funeste présage ;
Faut-il dans l'avenir craindre plus d'un orage
      Pour mon jeune destin ?
Faut-il sans espérance avancer dans la vie,
Ou d'un secret effroi, vaguement poursuivie,
      Mourir dès le matin ?

Mourir !... Mais si mon corps devient bientôt poussière,
Mon âme en liberté pourra quitter la terre
      Pour un divin séjour :
Là haut, dans ce beau ciel, où mon regard se noie,
Elle ira s'enivrer d'une céleste joie,
      D'un éternel amour !

Oh ! coule tristement, plus tristement encore,
Si tu dois annoncer cette nouvelle aurore
      A mes jours radieux !
Le cœur qui n'aime rien a-t-il besoin de vivre ?
Des rêves enchantés qu'il tâche de poursuivre
      La source est dans les cieux !

Chantez, amusez-vous, ô mes folles compagnes!
Emplissez de vos cris les échos des montagnes,
  Courez au fond des bois;
Livrez à tous les vents vos longues chevelures,
Aux buissons épineux vos légères parures,
  A l'espace vos voix!

Iassi, 1842.

Désespoir.

Que faire de la vie, alors qu'elle est fanée
Comme la frêle fleur par la bise glanée?
Alors que tout la quitte, espoir, beauté, parfum;
Que tout dans son ennui lui paraît importun;
Qu'elle n'a plus au fond que regrets et tristesse,
Plaintes contre le sort qui la trompa sans cesse;
Amertume, soucis, ronces, aridité,
Haine contre le monde et la réalité.

Que faire quand tout manque?... amour, douce croyance,

Espoir dans l'avenir, calme dans la souffrance ;
Alors qu'on ne sait plus où poser son regard,
Que tout paraît vertige, et folie et hasard ;
Que le doute insensé vous poursuit même en rêve,
Que l'œil suit tristement le soleil qui se lève ;
Que faire de ces jours que Dieu ne bénit plus,
Sans sève, sans parfums pour le bonheur perdus ;
Semblables à ces flots que le courant entraîne,
Qui ne déposent rien dans leur course lointaine,
Ne laissant d'autre trace au sein des grandes eaux
Qu'un rapide sillon comblé par d'autres flots !

Mon Dieu ! dites-le-moi, que faut-il donc en faire ?
Comment sans crime, hélas ! secouer leur misère ;
D'un seul bond s'affranchir de ce cercle fatal,
Où l'ame vainement lutte contre le mal !
Comment se délivrer de cette lourde chaîne
Qui sur un sol maudit vous courbe et vous enchaîne ;
De ce pesant fardeau qu'on appelle le temps,
Étrange composé de siècles et d'instants ;

Qui va sans s'arrêter vers un but qu'il ignore,
Sans demander pourquoi sur la terre on l'implore ;
Pourquoi tant de regrets, de pleurs, d'anxiétés,
Accompagnent ses pas que Dieu seul a comptés ?

Pardonnez-moi, mon Dieu, ces paroles amères ;
Mais la vie à mes yeux a perdu ses chimères,
Aucune illusion ne vient plus m'égarer,
Aucun rayon d'amour ne peut plus m'enivrer :
Sans désirs, sans regrets, je vois mes jours s'éteindre ;
Nulle crainte du sort ne peut encor m'atteindre ;
Je ne veux qu'une chose... hélas ! un long repos,
L'oubli de cette terre et le froid des tombeaux !

Le Rossignol.

A L***

Le souffle d'un amant a glissé dans ta voix,
Oiseau mélodieux qui chantes dans les bois ;
Tu sais tout emprunter à son délire extrême,
Larmes, désirs confus, soupir qui dit : Je t'aime !...
Tes accents sont l'écho des vagues voluptés
Qu'il entrevoit au fond de ses anxiétés :
En accords douloureux tu redis ses tristesses,
En notes de plaisir ses ardentes tendresses ;
L'amour t'a révélé ses secrets les plus doux ;
Et devant toi, bulbul, tout poëte est jaloux !

En t'écoutant chanter, vers toi son cœur s'élance
Attendri, subjugué par ta douce puissance ;
Il sent que Dieu lui-même a placé dans ta voix
Ce charme qu'à sa lyre il demande parfois
Sans pouvoir obtenir de ses cordes rebelles
Ce souffle d'harmonie où tu baignes tes ailes !

Mais aussi dans tes chants quelle molle langueur !
Quels sons remplis d'espoir, de regrets ou d'ardeur !
Que de soupirs voilés, que de mélancolie,
Que d'élans, que d'amour, que d'art, que de génie !
Comme on aime rêver en t'écoutant chanter !
Comme on sent à ta voix tout son cœur palpiter !
Dis-moi donc où tu prends tes divines romances,
Tes rapides accords, tes suaves cadences,
Tes repos prolongés, empreints de volupté,
Ton rhythme où se confond la force et la beauté ;
Tes plaintes, tes douleurs, tes plaisirs, tes folies,
Vibrant en tes accents en mille mélodies ?
Dis-moi d'où t'es venu ce secret enchanteur

De pénétrer ainsi dans les secrets du cœur?
Réponds-moi, rossignol, où puises-tu cette âme
Qui sait te révéler tout ce que je réclame,
Tout ce que je demande au Dieu qui mit en moi
L'instinct de l'harmonie, et l'amour et la foi,
Sans m'accorder le don que tout poëte envie
De verser dans ses vers et son âme et sa vie?

O chantre de la nuit, que de fois tes accents
Ont jeté la langueur et le trouble en mes sens!
Et maintenant encor que de fois ma pensée,
Par ces accents si doux me semble retracée!
Dans l'air, autour de moi, tout m'apparaît plus pur,
La mer emprunte au ciel son magnifique azur;
Les senteurs des forêts sont bien plus pénétrantes;
La fleur s'ouvre bien mieux aux brises enivrantes;
La nature elle-même a bien plus de pouvoir,
Et mon âme sait mieux sentir et concevoir!

Oui c'est toi, rossignol, c'est ta douce magie

Qui dans mon cœur blessé fit naître l'élégie ;
Lui donna le pouvoir de chanter ses douleurs,
Et de trouver parfois du plaisir dans les pleurs !
Merci, mon doux poëte !... à toi tout ce que l'âme
Dans son culte secret peut renfermer de flamme ;
A toi l'attrait puissant des lointains souvenirs,
Et les rêves de gloire où tendent mes désirs !
A toi tout ce qui sort de ma lyre ignorée,
Tout ce qui peut flatter ma jeunesse enivrée ;
Tout ce que ma pensée a d'éclat, de fraîcheur,
Tout ce que l'harmonie éveille dans mon cœur !

Moldavie, 1842.

Le Philtre.

Jeune fille au gentil corsage,
  Au regard si doux :
Veux-tu, veux-tu calmer l'orage
  De ton cœur jaloux ?
D'un fol amour veux-tu, ma belle,
  A l'instant guérir,
Et chasser de ton infidèle
  L'amer souvenir ?

Prends ce breuvage,
Et son image
Aussitôt fuira de ton cœur.
Ta bouche hésite ;
Ah ! prends bien vite,
Car dans ce philtre est le bonheur !

Rassure-toi, parle, ma belle ;
Veux-tu des atours ?
Colliers, satin, riche dentelle,
Faciles amours ?
Veux-tu de l'or, un équipage,
Un titre éclatant ?
Veux-tu, fille au gentil corsage,
Un duc pour amant ?...

Prends ce breuvage,
Et doux message
Viendra te peindre son ardeur.
Ta bouche hésite

LE PHILTRE.

Ah! prends bien vite,
Car dans ce philtre est le bonheur!

Il te donnera la richesse,
  Le don de charmer;
Dans une éternelle jeunesse,
  Le plaisir d'aimer :
Il saura te rendre plus belle;
  Colombe aux doux yeux;
Car il mettra dans ta prunelle
  L'amour et ses feux!

  Prends ce breuvage
  Avec courage,
Allons, petite, bois sans peur.
  Ta bouche hésite;
  Ah! prends bien vite,
Car dans ce philtre est le bonheur!

Pour avoir ces biens qu'on envie,

LE PHILTRE.

Fillette aux amours ;
Pour rester à jamais jolie,
Pour aimer toujours,
Pour devenir la souveraine
De riche seigneur,
Pour posséder, comme une reine,
L'éclat, la splendeur ;

Prends ce breuvage,
Sois moins sauvage :
Allons, enfant, point de frayeur.
Ta bouche hésite ;
Ah ! prends bien vite,
Car dans ce philtre est le bonheur !

Si tu savais quelle puissance
Ce philtre enchanté
Peut avoir sur ton existence
Et sur ta beauté ;
Si tu savais, fille incrédule,

Ce qu'il te vaudrait ;
Tu laisserais là tout scrupule,
Et ta voix dirait :

De ce breuvage,
Charmant présage,
Goûtons le charme séducteur !
Ma bouche hésite,
Mais je bois vite,
Car dans ce philtre est le bonheur !

Moldavie, 1842.

A ma Muse.

As-tu donc disparu pour ne plus revenir,
Muse, en qui j'espérais un si long avenir ?
Ne te verrai-je plus, au milieu de mes veilles,
T'inclinant près de moi, m'entourer de merveilles,
Illuminer ma nuit d'un rayon de tes yeux,
M'apprendre le secret d'un rhythme harmonieux,
Verser sur mon chevet un éclair de génie,
Semer de rêves d'or ma rêveuse insomnie,

Comme une pythonisse évoquer l'avenir,
D'un passé déjà loin me rendre un souvenir,
Dans les champs de l'espace emporter ma pensée,
Sans offrir à son vol une route tracée ;
De mille visions enchanter mon sommeil ;
Et près de moi penchée épier mon réveil !

Hélas ! pour me quitter, ma belle enchanteresse,
Attends, attends au moins que l'heureuse jeunesse
Qui jadis t'inspira tant de douces chansons,
Infidèle à son tour, m'ait ravi tous ses dons !
Chaque instant qui s'envole emporte sur son aile
Des jours de mon printemps quelque fraîche parcelle.
Vois, le soleil est haut... bientôt il décroîtra ;
A ses brillants rayons l'ombre succédera ;
Bientôt ces douces fleurs, dont le parfum m'enivre,
S'effeuillant sous mon souffle, auront cessé de vivre !

Alors il sera temps de reprendre ton vol,
D'emporter loin de moi ta voix de rossignol,

A MA MUSE.

De briser à jamais cette lyre touchante,
Que toi-même jadis mis dans ma main tremblante ;
Il sera temps alors de déserter un cœur
Dont tu fis si souvent l'orgueil et le bonheur !

Mais avant ce moment, ô ma folle hirondelle,
Bien loin de t'éloigner, referme encor ton aile ;
Souviens-toi de ces jours si remplis de péril,
Où ta seule présence enchantait mon exil !
Que me faisaient alors les bruits de la tempête,
Quand dans mon cœur vibrait une voix de poète ;
Quand un rhythme divin, des accords ravissants,
En face de l'orage, électrisaient mes sens !

Toi qui suivis jadis ma voile aventureuse,
Tu ne peux oublier, muse capricieuse,
Qu'ensemble nous avons parcouru le désert,
Nous abritant partout sous le même couvert !
Tantôt pleines d'extase en face du mirage,
Nos yeux suivaient longtemps sa décevante image ;

Tantôt dans notre esquif rasant le bord des mers,
Comme l'oiseau qui chante en traversant les airs,
Nous tâchions de surprendre au fond des solitudes
De sauvages échos répétant nos préludes !

La harpe éolienne au murmure des vents,
Fait entendre la nuit des accords moins touchants
Que ceux qui s'échappaient de ma lèvre tremblante,
Quand sur mon front passait ton haleine brûlante !
Que de fois, en suivant dans leur rapide essor
Les nuages du soir vêtus de pourpre et d'or,
L'ai-je senti ce souffle, ô Muse bien aimée,
Courir comme un éclair en mon âme enflammée !

Mais, dis-moi, quel aimant te ramenait toujours
Sur mon rude chemin, toi, mes jeunes amours ?
Pourquoi, pleine d'attrait en ta mélancolie,
Livrant au vent du soir ta rêveuse harmonie,
Venais-tu m'enivrer de tes douces faveurs,
Et me faire trouver du charme dans les pleurs ?

Ou bien, folle et naïve... oubliant toutes choses,
Excepté le ciel bleu, le printemps et les roses,
Pourquoi remplissais-tu naguère tous mes jours,
Si je devais te perdre, ô mes jeunes amours?

Ne puis-je donc fixer ton humeur si volage,
Qu'en changeant de soleil, de terre, de rivage ;
Qu'en laissant de nouveau la France et mes amis,
Pour reprendre mon vol vers de lointains pays?

Eh bien ! partons demain ; le monde est grand encore,
Quoique nous ayons vu, du Couchant à l'Aurore,
Bien des peuples divers, bien des cieux différents,
Allons vers d'autres bords porter nos pas errants !

Et d'abord en passant, saluons l'Italie,
Cette terre sacrée où croît la poésie,
Dont le sol garde encor les antiques splendeurs
Qu'y laissèrent ses rois, ses dieux, ses empereurs !
Naples, Pise, Milan, Vérone nous appelle ;

Rome aux grands souvenirs, et Florence la belle,
Pour retenir nos pas, nous offrent leurs palais,
Leurs éloquents débris et leurs temples muets ;
La brillante Venise à son tour nous convie,
Cette Rome des mers, joyau de l'Italie,
Qui, pour dissimuler ses secrètes douleurs,
Cache son front déchu sous un voile de fleurs !
Elle a beau s'étourdir... ses plus joyeuses fêtes
Ne peuvent l'empêcher de voir l'aigle à deux têtes
S'étendre insolemment sur son palais ducal,
Tout honteux de porter ce signe impérial !

Mais ton luth est muet... Venise et ses folies,
Son éclatant soleil, ses femmes si jolies,
Ses palais, son Saint-Marc, temple de marbre et d'or,
Qui des Vénitiens est le plus cher trésor ;
Ses gondoles, sa mer, ses balcons, ses lagunes,
A tes regards distraits semblent être importunes ;
Tu veux un pays libre, un sol régénéré,
Un petit coin de terre où ton souffle sacré

Puisse, en hymnes brûlants, répandre son délire,
Sans qu'un pouvoir jaloux fasse taire ta lyre !

Alors prends ton essor, et cherchons d'autres lieux
Plus dignes que ceux-ci de tes chants généreux.
Le flot est enchaîné, la brise nous caresse,
Hâtons-nous d'aborder aux rives de la Grèce,
La Grèce, qui prouva naguère au monde entier
Qu'elle est encor fidèle à son instinct guerrier,
Et que ses souvenirs, si grands qu'ils puissent être,
Par ses récents exploits sont égalés peut-être !

Là couronnant de fleurs ton luth mélodieux,
D'un héroïque sol tu chanteras les dieux ;
Non les dieux détrônés de l'antique Permesse,
Mais les nobles martyrs de la moderne Grèce !
Réveille les échos assoupis de ces bords
Qui portèrent le deuil de tant d'illustres morts !
Sans redire les noms, tout éclatants de gloire,
Dont le monde a gardé l'immortelle mémoire,

Parle-moi du présent, nomme-moi Canaris,
Miaulis, Ipsylanti, Nikitas, Botzaris ;
Tous ces hommes de cœur, ces grands et fiers courages,
Qui pour la liberté moururent sur ces plages !

Mais, tu te tais encor !... La Grèce et son soleil
Ne peuvent t'arracher à ton triste sommeil ;
Les échos de Psara, les vents de l'Ionie,
Passent sans l'éveiller sur ta lyre endormie.
Alors, que faut-il donc pour ranimer ta voix,
Pour rendre à tes accents le charme d'autrefois,
Pour redonner la vie à ta verve muette,
Et l'inspiration à ton front de poëte ?

Que faut-il ?... Vainement je voudrais m'abuser !...
Il te faut du printemps le parfum passager,
Il te faut la jeunesse et ses douces croyances,
Ses instincts généreux, ses folles espérances,
Ses rêves, ses désirs, ses riches horizons,
Son inexpérience et ses illusions ;

A MA MUSE.

Voilà ce qu'il te faut, ô ma muse rebelle,
Pour vaincre tes dédains et te rendre fidèle !

Mais ces dons si charmants, éclos dès le matin,
N'ont, comme le bonheur, qu'un rapide destin :
Tels que de frêles fleurs par l'orage arrachées,
Dont le vent sème au loin les feuilles desséchées,
D'une saison à l'autre on les voit se flétrir,
Sans qu'un nouveau soleil les fasse refleurir.

Hélas ! combien déjà sont tombés sur ma route,
Ne laissant après eux que le vide et le doute !
Tu ne le sais que trop !... car devant leurs débris,
Ton œil, jadis si doux, s'est armé de mépris !
Eh bien ! séparons-nous ; va, porte ailleurs ta lyre,
Tes trompeuses faveurs, tes chants et ton délire.
Oui, sans toi je pourrai me créer désormais
Des jours de douce étude et de tranquille paix.
Comme un songe oubliant ta noire perfidie
Qui voudrait à jamais décolorer ma vie,

Sans nul dépit je veux... mais déjà tu souris,
Et tous mes beaux projets se sont évanouis !

Paris, 1844.

FIN.

TABLE.

Préface	1
Avenir	5
Nuit de Malade	11
A chacun sa destinée	21
Passé	27
Élisa Mercœur. (Chant du cygne.)	31
La Grecque	37
Lui	41
Guérison	49

La jeune Fille et le Mancenillier. Élégie	53
La Sylphide	71
Consolations, à Mme ***	77
Répondez-moi	81
Insomnie	85
Laurence	92
Astrakan	101
Nature	107
Espérance	111
Pourquoi	115
L'Heure du Poëte	127
France	131
La Vénitienne	139
Crimée	147
Ah ! si j'étais oiseau !	159
Consomption	163
Le Bouquet inconnu	167
Poésie	171
Jalousie	179
Il est minuit	189
Crimée (paysage)	193

TABLE.

Fuite du Temps.................................. 199
Pensées intimes................................. 203
La Rêveuse..................................... 207
Désespoir...................................... 213
Le Rossignol................................... 217
Le Philtre..................................... 221
A ma Muse...................................... 227

FIN DE LA TABLE.